Als der Buddha einst ein Löwe war

Als der Buddha einst ein Löwe war

Geschichten aus
Buddhas früheren Leben

nacherzählt von Andrea Liebers
mit Illustrationen von
Bruni Feist-Kramer

Theseus

Die Deutsche Bibliothek – CIP-Einheitsaufnahme
Liebers, Andrea:
Als der Buddha einst ein Löwe war : Geschichten aus Buddhas
früheren Leben / nacherzählt von Andrea Liebers.
Mit Ill. von Bruni Feist-Kramer. - Berlin : Theseus-Verl., 1997
ISBN 3-89620-109-3

ISBN 3-89620-109-3

Umschlaggestaltung: Morian & Bayer-Eynck, Coesfeld
unter Verwendung einer Illustration von Bruni Feist-Kramer
Lektorat: Ursula Richard
Satz: Rex Verlagsproduktion, München
Druck: Druckerei zu Altenburg
Printed in Germany

Gedruckt auf alterungsbeständigem Papier
mit chlorfrei gebleichtem Zellstoff

Inhalt

Königliches Löwengebrüll

Es war vor langer, langer Zeit, da kam der Buddha einmal als Löwe zur Welt. Er lebte in einem großen Wald, in dem die Vögel morgens und abends herrliche Lieder sangen. Nicht weit davon entfernt, in der Nähe des großen Meeres, lebte in einem Palmenhain ein Hase.

Die Sonne stand hoch am Himmel und strahlte auf den Palmenhain hinab. Der Hase hatte sich gerade den Bauch voll geschlagen und war rechtschaffen müde. Er suchte sich unter einer Palme ein schattiges Plätzchen und kuschelte sich in eine Kuhle am Palmenstamm. Vor dem Einschlafen ging ihm noch ein Gedanke durch den Kopf, den er ziemlich erschreckend fand: „Was wird nur aus mir, wenn die Erde plötzlich auseinander bricht?" Darüber nachdenkend war er fast schon eingeschlummert, als mit dumpfem Schlag eine reife Kokosnuss vom Baum auf ein Palmblatt klatschte und auf die Erde plumpste.

Dieses Geräusch riss den Hasen aus seinem Halbschlaf. Voller Panik sprang er auf: „Die Erde bricht auseinander!" Das war sein erster und einziger Gedanke, der nicht aufhörte in seinem Hirn zu hämmern. „Ich muss mich in

Sicherheit bringen!" Dieses war schließlich sein zweiter Gedanke und der Hase raste ohne sich umzudrehen los, in Richtung Meer.

Ein anderer Hase sah, wie er voller Todesangst davonhastete, und schrie ihm hinterher: „Vor was rennst du denn weg?"

Der flüchtende Hase keuchte: „Frag mich nicht, bete lieber für deine Rettung!"

Der andere Hase hoppelte, so schnell er konnte, hinterher: „ Um Rettung beten? Warum denn? Was ist denn passiert?"

Für einen kleinen Augenblick hielt der Hase an, schöpfte Atem und stieß nach Luft schnappend hervor: „Die Erde bricht auseinander!" Und schon hoppelte er wieder los. Der zweite Hase aber folgte ihm, nun genauso ängstlich.

Nach und nach stießen sie auf andere Hasen, die sich ihnen sofort anschlossen, sobald sie den Grund der Flucht hörten. Bald waren es mehr als hunderttausend Hasen, die in wilder Jagd unterwegs zum Meer waren.

Sie kamen bei einem Hirsch vorbei, bei einem Elch, einem Büffel, einem wilden Ochsen, einem Rhinozeros, einem Tiger, einem Löwen, einem Elefanten. Und jedem Tier, das die Hasen fragte, warum sie auf der Flucht seien, antworteten sie: „Die Erde bricht auseinander!" Daraufhin schlossen sich die Tiere in wilder Panik den Hasen an. Schließlich war eine unüberschaubar große Menge von Tieren in rasendem Lauf unterwegs zum Meer.

Als der Löwe diese riesige Herde auf der Flucht sah, dachte er: „Ich muss herausfinden, warum die Tiere so voller Angst sind und wegrennen. Wenn ich nichts unternehme, werden sie sich alle ins Meer stürzen und ertrinken. Ich muss sie retten!"

Mit Löwengeschwindigkeit jagte er hinter ihnen her und hatte sie bald eingeholt. Er blieb stehen und brüllte sein schaurigstes Löwengebrüll und das dreimal. Die flüchtende Herde blieb zitternd stehen. Die Tiere drängten sich furchtsam aneinander. Jedes versuchte sich hinter einem anderen Tier zu verstecken.

Der Löwe trat mitten unter sie und fragte: „Warum rennt ihr alle weg?"

„Die Erde bricht auseinander!", antworteten sie.

„Wer sagt, dass sie auseinander bricht?", fragte der Löwe weiter.

„Die Elefanten wissen alles darüber!" antworteten sie ihm.

Der Löwe fragte die Elefanten, doch die schüttelten ihre mächtigen Häupter, so dass sie mit den Stoßzähnen aneinander stießen: „Wir wissen es nicht, die Löwen wissen aber Bescheid!"

Aber die Löwen schüttelten ihre Löwenmähnen: „Die Tiger wissen Bescheid!"

Doch auch die Tiger wussten nichts. „Die Rhinozerosse wissen etwas." Aber auch die Rhinozerosse wussten nichts. „Frag die wilden Ochsen. Die wissen es!" Doch auch die wussten nichts. „Frag die Büffel!" Die Büffel wussten jedoch auch nichts. „Frag die Elche!" Die schüt-

telten ihre Geweihe. „Wir wissen es von den Hirschen!"
Die Hirsche aber wussten selbst auch nichts. „Wir haben
es von den Hasen gehört!"

Der Löwe fragte die Hasen. Die deuteten auf einen
bestimmten Hasen: „Der weiß es, denn er hat es uns
gesagt."

Der Löwe wandte sich an den Hasen: „Ist es wahr, dass
die Erde auseinander bricht?"

„Ja, Herr Löwe, ich habe es selbst gesehen!", antwortete
der Hase.

„Wo warst du, als du es gesehen hast?"

„Ich wollte gerade am Palmenhain ein Nickerchen
machen und überlegte mir, was wohl geschehen würde,
wenn die Erde auseinander bräche, wohin ich dann wohl
gehen sollte. Und genau in diesem Augenblick hörte ich
ein fürchterliches Geräusch, so wie wenn die Erde auseinander bricht, und ich flüchtete, so schnell ich konnte."

Da dachte der Löwe: „Der Hase hat sicher das Klat-
schen einer reifen Frucht gehört und es im Halbschlaf für
das Auseinanderbrechen der Erde gehalten. Ich will es
herausfinden."

Er beruhigte die Tiere und sagte: „Ich werde mit dem
Hasen zu der Stelle gehen, wo er das Auseinanderbrechen
der Erde gehört hat, und nachsehen, ob das stimmt. Bleibt
hier, bis wir zurück sind."

Der Löwe hob den Hasen auf seinen Rücken und mit
riesigen Löwensätzen sprang er zum Palmenhain.

„Zeig mir die Stelle, wo die Erde auseinander gebrochen ist!", forderte der Löwe den Hasen auf.

„Ich traue mich nicht dorthin", sagte der Hase mit brüchigem Stimmchen.

„Komm, hab keine Angst!", ermutigte ihn der Löwe.

Aber der Hase ließ sich nicht zum Weitergehen bewegen. Er sprang vom Rücken des Löwen herunter und zeigte ihm die Palme, unter der er gelegen hatte. „Dort, dort war es. Unter dieser Palme habe ich das furchtbare Geräusch gehört."

Der Löwe trottete zu der bezeichneten Palme und entdeckte die Kuhle, in der der Hase gelegen hatte. Er streifte um die Palme herum und fand auch die Kokosnuss, die vom Baum gefallen war und beim Durchbrechen der Palmwedel einen schrecklichen Lärm gemacht hatte.

Der Löwe kehrte zum Hasen zurück und erklärte ihm, was er herausgefunden hatte. „Jetzt brauchst du keine Angst mehr zu haben", sagte er und hob den Hasen wieder auf seinen Rücken. In Löwengeschwindigkeit kehrten sie zu der Herde wartender Tiere zurück.

„Ihr braucht euch keine Sorgen zu machen, es war nur das Geräusch einer herabfallenden Kokosnuss, das den Hasen erschreckt hat. Die Erde bricht nicht auseinander", beruhigte er sie.

Als er sah, wie sie immer noch zitternd beieinander standen und sich nicht zu rühren trauten, sprang er mit einem Satz auf einen Felsblock, so dass alle Tiere ihn sehen konnten. Er hob sein majestätisches Haupt und ließ seinen

Blick über die ängstliche Herde schweifen: „Als Erstes müsst ihr euch Folgendes zu Herzen nehmen: Vertraut euren eigenen Ohren, Augen und eurem Verstand am meisten. Nur weil einer in panischer Angst vor etwas wegläuft, muss das noch lange nicht heißen, dass ihr kopflos hinterherrennen sollt."

Die Elefanten begannen mit ihren riesigen Ohren zu wackeln, die Büffel schüttelten ihr zotteliges Fell und die Rinozerusse blähten die Nüstern. Endlich war wieder etwas Leben in die verängstigten Tiere gekommen.

„Und als Zweites merkt euch dies: Man kann sich in eine Angst auch hineinsteigern. Wenn ihr eure Phantasie mit euch durchgehen lasst, dann könnt ihr aus einer Mücke einen Elefanten machen!"

„Oder aus einer Kokosnuss ein Erdbeben!", trompetete der Elefant, der als Erster begonnen hatte mit den Ohren zu wackeln.

„Ganz richtig!" Der Löwe schüttelte seine mächtige Mähne. „Und drittens hoffe ich, dass ihr daraus gelernt habt!"

„Das hoffen wir auch!", trompeteten die Elefanten und machten sich auf den Weg in den Dschungel.

Erleichtert verabschiedeten sich die Tiere voneinander und jedes zog seiner Wege.

Wenn der Löwe nicht gewesen wäre, wären sicherlich alle in panischer Angst und ohne nachzudenken dem Hasen hinterhergelaufen und schließlich im Meer ertrunken.

Gefangen im Bauch des Elefanten

In einem seiner vielen Leben wurde der Buddha einmal als Schakal geboren. Er lebte in einem Wald in der Nähe eines breiten Flusses.

Dort war auch ein uralter Elefant zu Hause, der eines Tages am Flussufer zusammenbrach und starb.

Der Schakal stolperte abends auf einem seiner Streifzüge über dessen Leichnam. Hocherfreut über eine so große Beute beglückwünschte er sich selbst: „Heute ist wirklich dein Glückstag. So eine Riesenmahlzeit hast du schon lange nicht mehr gehabt!"

Das Wasser floss ihm im Maul zusammen und er stürzte sich auf den Elefantenrüssel und biss hinein. Ein jämmerliches Jaulen erschallte am Ufer, als der Schakal von dem Rüssel zurückwich. Dieser war hart wie Stein! Der Schakal hatte sich sogar einen Zahn ausgebissen.

„Davon will ich lieber doch nichts essen", dachte er und ging an das andere Ende des Elefanten. Er nahm den Schwanz in sein Maul und wollte hineinbeißen. Doch der war hart wie ein Knochen.

Darauf versuchte es der Schakal am Ohr. Aber das war zäh wie ein Stück gegerbtes Leder.

„Nichts zu machen", dachte er. „Ich muss es an einer anderen Stelle versuchen!" Und er biss in den Bauch des Elefanten. Doch der war undurchdringlich wie ein Baumstamm. Dem Schakal tat schon sein Kiefer weh. Irgendwo musste doch eine genießbare Stelle sein! Schnüffelnd umrundete er die Elefantenleiche.

An einem Bein blieb er stehen und biss hinein: Es war auch nicht besser. Hart wie eine Marmorsäule war es, fast wäre dem Schakal noch ein zweiter Zahn ausgefallen.

Schließlich versuchte er es am Hintern des Elefanten und siehe da, dort war das zarteste Fleisch, das man sich nur wünschen konnte. Weich wie ein Kuchen war es dort!

Der Schakal fraß und fraß und fraß. Und wenn er nicht mehr fressen konnte, dann schlief er ein paar Stündchen und fraß dann weiter. Er fraß alle Innereien auf, die Nieren, die Leber, das Herz und die Milz und wenn er Durst hatte, trank er das Blut des Elefanten.

Inzwischen waren schon ein paar Tage vergangen und der Schakal überlegte: „Der Elefant ist Nahrung und Wohnung zugleich für mich, warum sollte ich nicht für immer bleiben?"

Und so beschloss er im Inneren des Elefanten zu leben. Die Zeit verging und die Sonne trocknete von außen die Haut des Elefanten aus. Die Winde schrumpften sie zusammen, so dass sich das Loch im Hintern des Elefanten von außen langsam wieder schloss.

Der Schakal war im Inneren des Elefanten auf einmal in völliger Dunkelheit gefangen. Nach der Haut trocknete auch das Fleisch aus und das Blut war schon längst ausgetrunken. Verzweifelt biss der Schakal von innen in die Haut des Elefanten, aber sie war hart wie Stein. Er war eingesperrt in einem schrecklichen Gefängnis, in dem es nichts mehr zu fressen und zu trinken gab! Wie eine Perle in einer geschlossenen Muschel, so saß der Schakal im Elefanten fest.

Als er im Inneren des Leichnams verzweifelt hinauf- und hinabrannte, da kam ganz plötzlich ein Sturm auf. Der Wind blies in heftigen Böen über den toten Elefanten hinweg und rüttelte und schüttelte ihn.

Auf einmal brach die Haut an der Stelle wieder auf, wo sich der Schakal ein Loch hineingefressen hatte. Ein dünner, feiner Lichtstrahl fiel ins Innere des Elefanten. Der Schakal jubelte und tanzte im Bauch des Elefanten vor Freude hin und her.

„Gerettet, gerettet!", schrie er außer sich vor Glück.

Er torkelte vom Kopf des Elefanten herunter und zwängte sich durch das kleine Loch, das im Hintern des Elefantenleichnams wieder aufgerissen war. Es gelang ihm zwar hindurchzukommen, aber da das Loch so winzig klein war, verlor er sein gesamtes Fellhaar.

Zuerst rannte er wie von Sinnen durch die Gegend, doch nach einer Weile hielt er an und betrachtete verschämt seinen haarlosen Körper, der nun glatt war wie ein Palmblatt.

„Ach!", rief er unter Tränen, „ich arme Kreatur! Dieses Unglück kam über mich wegen meiner Gier und nur wegen meiner Gier allein. Niemals mehr will ich gierig nach irgendetwas sein, das schwöre ich beim Leben meiner Mutter!"

Der Schakal versteckte sich in den dichten Wäldern, bis sein Fell wieder nachgewachsen war. Und was er sich geschworen hatte, das hielt er: Niemals kam in ihm noch einmal auch nur ein Fünkchen Gier auf.

Verehrung für
Herrn Göttlich

Irgendwann wurde der Buddha auch einmal als Ratte geboren. Er lebte in einem Wald und war schon bald überall für seine außerordentliche Klugheit bekannt. Schnell hatte er über tausend Ratten um sich geschart, die ihn als König anerkannten und ihm folgten.

Einmal kam durch die Gegend, in der die Ratten lebten, ein umherziehender Schakal. Als er die vielen Ratten sah, die alle einem König folgten, überlegte er, wie er sie wohl am besten überlisten und fressen könne.

Nach einigem Nachdenken fiel ihm etwas ein. Er stellte sich dort, wo die Ratten ihre Nester hatten, auf einem Bein hin und zwar so, dass er in die Sonne blickte. Seine Schnauze hielt er geöffnet in den Wind.

Als der König der Ratten an dem seltsam dastehenden Schakal vorbeikam, blieb er neugierig stehen und fragte: „Wie heißt denn du?"

„Mein Name ist Göttlich", erwiderte dieser.

„Warum stehst du nur auf einem Bein?", fragte die Ratte.

„Wenn ich auf allen meinen vier Beinen auf einmal stehen würde, könnte die Erde mein Gewicht nicht tragen", antwortete Herr Göttlich.

„Und warum hältst du dein Maul weit offen?", fragte der Rattenkönig weiter.

„Um Luft zu schnappen. Ich lebe von Luft, musst du wissen. Sie ist meine einzige Nahrung."

„Oh!", andächtig starrte der Rattenkönig den Schakal an, der anscheinend ein ganz besonders weit entwickeltes Wesen war.

„Und warum schaust du geradewegs in die Sonne?", fragte der Rattenkönig schließlich.

„Ich bete sie an", gab Herr Göttlich zur Antwort.

„Was für ein ungewöhnliches Wesen!", dachte nun der Rattenkönig.

Er beschloss, dass er und sein Gefolge künftig einen kleinen Umweg machen sollten, wenn sie am Morgen auszogen, um Nahrung zu suchen, und wenn sie am Abend mit vollem Bauch zurückkehrten. Sie gingen von da an immer am heiligen Schakal vorbei und jede Ratte neigte dabei leicht den Kopf zum Zeichen der Ehrerbietung.

Wenn aber die Ratten alle an ihm vorbeigezogen waren, dann schnappte sich der Schakal jedes Mal die allerletzte und fraß sie auf. Schnell stellte er sich wieder in seine heilige Position und tat so, als ob nichts geschehen sei.

Natürlich wurde die Schar der Ratten kleiner und kleiner. Irgendwann bemerkten dies die Ratten auch und fragten sich, welchen Grund das habe. Der Rattenkönig vermutete, dass der heilige Schakal auf irgendeine Weise dahinter steckte. Deshalb beschloss er ihn zu testen.

Am nächsten Tag ging er nicht wie sonst an der Spitze der Rattenschar, sondern ganz am Ende. Als alle Ratten wie gewohnt am Schakal vorbeigezogen waren, machte der Schakal einen Satz, um den König der Ratten zu verschlingen. Der aber hatte ihn kommen hören, fuhr herum und schrie ihn an: „Du scheinheiliger, mieser Schuft!"

Vor Schreck fiel der Schakal um und sah nun gar nicht mehr wie ein außergewöhnliches Wesen aus, sondern wie ein ganz gewöhnlicher, ängstlicher Schakal. Die Ratten scharten sich um ihn und starrten ihn an.

Als sie sahen, dass das Wesen, das sie so verehrt hatten, nun zitternd vor ihnen lag, mussten sie ganz schrecklich lachen. Der Schakal rappelte sich auf und rannte, so schnell er konnte, von dannen, das Lachen der Ratten noch lange im Ohr.

Die Ratten aber lebten wieder glücklich und zufrieden in ihrem Wald. Und niemals mehr hörten sie etwas von einem Schakal, der sich Herr Göttlich nannte.

„Lass Regen fallen wie Juwelen"

Mitten in den undurchdringlichen Wäldern der sanft geschwungenen Hügel des Himalaya lag versteckt ein wunderschöner See. Sein Wasser war tiefblau und kristallklar. Die Ufer waren gesäumt von Lilien und Lotussen, weißen, roten und blauen. Gänse, Enten und Schwäne lebten dort. Nahe am Ufer wuchsen große Bäume, die herrlichen Schatten spendeten.

In diesem See lebte der Buddha als König der Fische. In vielen Leben hatte er die Eigenschaft entwickelt den Wesen unter allen Umständen helfen zu wollen. Und so tat er es auch jetzt, als er der Herr der Fische dieses Sees war.

Er machte den Fischen Geschenke, sprach freundlich mit ihnen und half ihnen sich gegenseitig zu achten und gut zueinander zu sein. Er unterstützte alle guten Taten und Gedanken der Fische und versuchte die schlechten Taten und Gedanken zu unterbinden.

Nach einiger Zeit hatten die Fische tatsächlich vergessen, dass sie früher manchmal grausame Gedanken hatten und

böse zueinander gewesen waren. Der See war zu einem kleinen Paradies geworden.

Doch irgendwann war das Glück zu Ende, denn die Fische hatten vergessen, den Regengeistern regelmäßig für den Regen zu danken. Diese fühlten sich vernachlässigt und schickten nicht mehr genug Regen vom Himmel herab. Der Wasserspiegel des Sees sank; das kristallklare Wasser färbte sich gelb von den vertrockneten Blüten und den Blättern der Bäume, die in den See fielen, weil die Bäume langsam verdursteten.

Tag für Tag wurde der See kleiner. Die Sonnenstrahlen brannten herab und kühlten ihre Hitze im Wasser. Die ausgetrocknete Erde trank in durstigen Zügen das kühle Nass des Sees und der trockene, heiße Wind fuhr in den See, um Erfrischung zu suchen. Der Wasserspiegel sank und sank. Bald war das grüne Schilf am Ufer vertrocknet und braun. Die Seerosen lagen welk auf dem trockenen Ufersand und der Wind wirbelte den Sand auf.

Die Fische waren verzweifelt. Schwärme von Krähen saßen schon in den kahlen Ästen der Bäume und warteten darauf, dass die Fische als leichte Beute auf dem Trockenen lagen.

Als der König der Fische sah, wie seine Untertanen sich quälten, war er sehr traurig und überlegte, wie er schnell Hilfe herbeischaffen könne, denn dafür war es höchste Zeit. Die Fische drängten sich ganz dicht zusammen und japsten nach Luft.

Der König sah all das Leiden um ihn herum und er hatte tiefes Mitgefühl. Dann blickte er hinauf zum Himmel und rief: „So, wie es sicher ist, dass ich noch niemals absichtlich ein Wesen getötet habe, selbst in der aussichtslosesten Situation nicht, so sicher ist es, dass wir alle sterben, wenn nicht bald Regen fällt. Deshalb bitte ich den Herrn der Regengötter: Schicke Regen und fülle die Seen mit Wasser."

Die Wesen und Götter im Himmel mochten den König der Fische gern und sie wussten, dass seine Worte der Wahrheit entsprachen: Noch nie hatte er einem Wesen absichtlich etwas zuleide getan. Und sie sahen auch, dass die Fische nicht mehr lange leben würden. Verzweifelt drängelten sie sich in der kleinen, schmutzigen Wasserlache, die früher einmal ein herrlicher See gewesen war. Das Krächzen der Krähen und Raben erfüllte die Luft und der Wind blies die trockenen Blätter am Ufer entlang.

Und so beschlossen die Götter den Fischen zu helfen.

Bald sammelten sich dunkle Wolken am Himmel, ihre Wasserbäuche wurden dicker und dicker, bis sie tief herab-

hingen. Ein leises Donnern erfüllte die Luft, blitzende Lichtstrahlen zuckten über die massigen, dunklen Wolken. Es wurde düsterer und düsterer, obwohl es doch mitten am Tag war.

Ein langes, tiefes Donnern hörte sich wie ein lautes Lachen an. Dann fiel der Regen. Wie Perlen, die aus ihren Muschelschalen geschüttelt werden, so fielen die ersten schweren Tropfen.

Sie bedeckten den Staub und die Erde begann feucht zu riechen. Diesen Duft trug der Wind mit sich davon, so dass die ganze Luft davon erfüllt war. Wassermassen prasselten zur Erde, begleitet vom dumpfen Donnern der zusammenprallenden Wolkenbäuche und umtanzt von grellen Blitzen. Erschrocken flatterten die Krähen davon und suchten sich ein trockenes Plätzchen.

Die Fische waren überglücklich. Doch der König der Fische hatte trotz seiner Freude Bedenken, dass der Regen zu früh aufhören würde. Deshalb bat er den Regengott: „Lass es weiter regnen, Regengott! Lass Wasser fallen wie Juwelen!"

Als dies der oberste Gott hörte, erschien er und sprach voller Anerkennung: „König der Fische, es muss dank Eurer großen Macht sein, die Ihr durch Eure außergewöhnlichen Taten erworben habt, dass die Wolken so unerschöpflich Wasser geben. Von jetzt an braucht Ihr Euch nicht mehr zu fürchten: Gute Wesen will ich immer unterstützen. Niemals wieder soll dieses Land in solch ein Unglück fallen."

In der Zwischenzeit war der See bis zum Überlaufen voll geworden.

Vom Förster, der nie genug bekommen konnte

Vor langer, langer Zeit, da lebte der Buddha einmal in den Wäldern Indiens als Elefant. Schon gleich nach seiner Geburt fiel er durch seine außergewöhnliche Schönheit auf: Sein Körper war strahlend weiß und glänzte wie Silber. Seine Augen waren wie dunkle Edelsteine, sein Mund war scharlachrot. Silbern mit Sprenkeln von rotem Gold funkelte sein Rüssel und seine vier Füße sahen aus wie mit glänzendem Lack poliert. Als er erwachsen geworden war, strömten alle Elefanten von den Bergen des Himalaya und von den Ebenen Indiens zusammen, um ihm zu folgen. Er führte eine riesige Herde an, die kaum zu überschauen war.

Irgendwann bemerkte der Elefant, dass die Elefanten oft stritten, dass sie untereinander wetteiferten, wer die schönsten Stoßzähne hätte, dass manche versuchten immer das beste Futter für sich zu ergattern, dass sie die kleineren Elefanten gewaltsam beim Baden abdrängten, dass sie schlecht übereinander redeten und viele solcher unschönen Dinge mehr.

Deshalb
beschloss der
Elefant sich von der
Herde abzusondern und
einsam und ohne Gefolge in den Wäldern zu leben. Bald
hörten die Tiere von den guten Taten, die er vollbrachte,
und man nannte ihn nur noch den guten Elefanten.

Eines Tages kam ein Förster in das Waldgebiet, in dem der
gute Elefant lebte. Er war vom Weg abgekommen und
irrte verzweifelt rufend umher: „Hallo, hallo! Hört mich
denn keiner? Ich brauche Hilfe!"

In seinen Augen stand die Angst geschrieben, denn er
fürchtete von wilden Tieren überfallen und gefressen zu

werden. Der gute Elefant hörte ihn und trabte neugierig in die Richtung, aus der die Schreie kamen. Vielleicht konnte er dem armen Menschen helfen, ging es ihm durch den Sinn. Als der Förster den Elefanten näher kommen sah, da rannte er verrückt vor Angst weg, denn allein lebende große Elefanten galten als extrem gefährlich.

Der gute Elefant sah, dass der Mann voller Panik vor ihm die Flucht ergriff, und blieb stehen. Als der Förster dies merkte, verlangsamte er seinen Lauf und blieb schließlich ebenfalls stehen. Doch als der gute Elefant sich wieder in Bewegung setzte, rannte der Förster erneut los und der Elefant blieb wieder stehen. Endlich merkte der Förster, dass der Elefant ihn nicht töten wollte, sondern ihm im Gegenteil anscheinend zu helfen versuchte. So blieb er stehen und wartete, dass der Elefant näher kam. Als der gute Elefant ziemlich nahe an ihn herangekommen war, fragte er den Förster: „Warum rennst du schreiend und verzweifelt durch den Wald? Was ist los mit dir?"

Der Förster antwortete: „Ich habe den Weg verloren und weiß nicht mehr, wie ich nach Hause komme. Ich habe schreckliche Angst vor wilden Tieren und Schlangen."

Der gute Elefant lud den Förster ein mit zu seinem Lagerplatz zu kommen. Dort angelangt brachte er ihm frisches Obst, damit er sich stärken konnte. Bald schon war der Förster nicht mehr verzweifelt und fühlte sich wohl und geborgen.

„Heute werde ich dich zurück zu den Hütten der Menschen bringen!", sprach der Elefant nach einigen

Tagen und er beugte sich tief herunter, damit der Förster auf seinen Rücken klettern konnte.

Auf dem Rücken des Elefanten wurde der Förster nun durch den Dschungel getragen. Er merkte sich die auffälligen Stellen, denn er hatte schon einen Plan geschmiedet, der es nötig machte, dass er schon bald wieder zurückkehren würde. Schließlich setzte der gute Elefant den Förster an einer Landstraße ab. „Von hier aus ist es nicht mehr weit zur Stadt", erklärte er. „Aber versprich mir bitte eines: Sag niemandem, wo ich wohne, egal, ob dich jemand danach fragt oder nicht."

Der Förster nickte und kletterte dann den Rücken des Elefanten herunter. Der gute Elefant machte kehrt und trottete zurück in seinen Dschungel.

Als der Förster in der Stadt ankam, durchstreifte er die Straßen und kam zum Markt, wo die Elfenbeinschnitzer ihre Waren verkauften. Er ging auf einen der Schnitzer zu und fragte, was er denn für den Stoßzahn eines lebenden Elefanten bezahlen würde.

„Warum fragst du das?", entgegnete der Schnitzer. „Der Stoßzahn eines lebenden Elefanten ist unwahrscheinlich wertvoll, viel wertvoller als der eines toten."

„Ich kann dir einen bringen", versprach der Förster.

Er machte sich sogleich auf den Weg zur Lagerstelle des guten Elefanten. Proviant und eine scharfe Säge hatte er auch mitgenommen.

Als er auf den Elefanten traf, fragte dieser: „Was hat dich denn so schnell wieder hierher gebracht?"

Der Förster antwortete: „Ich bin in einer schrecklichen Notlage. Ich habe im Moment keine Arbeit und ziemlich viele Schulden, die ich nicht zurückzahlen kann."

„Hm", der gute Elefant sah ihn mitfühlend an.

„Deshalb dachte ich, wenn du mir ein Stück von deinem Stoßzahn geben würdest, dann könnte ich es verkaufen und damit meine Schulden tilgen."

„Hm", sagte der Elefant noch einmal. „Natürlich kannst du etwas von meinem Stoßzahn haben, wenn dir das hilft. Ich kann dir alle beide geben. Hast du eine scharfe Säge dabei?"

Der Förster nickte und zog seine Säge aus dem Sack, den er bei sich trug.

„Gut! Dann säge nun meine Stoßzähne ab." Und der Elefant ging in die Knie, damit der Förster bequem die beiden Stoßzähne absägen konnte.

„Denk nur nicht, Förster, ich wüsste nicht, was für einen Preis du für die Stoßzähne bekommst. Aber für mich sind die unsichtbaren Stoßzähne der Weisheit und der Allwissenheit, mit denen ich zur Wahrheit aller Dinge vordringen kann, viel wertvoller", rief der Elefant und trompetete so laut, dass der Boden des Dschungels davon erbebte.

Der Förster verstand nicht ganz, was der Elefant mit unsichtbaren Stoßzähnen

meinte, und er schaute verlegen zu Boden. Er nahm die beiden abgesägten Stoßzähne und machte sich gleich auf den Heimweg zurück in die Stadt.

Dort verkaufte er die beiden Stoßzähne für gutes Geld. Ziemlich schnell aber hatte er alles Geld verprasst. Deshalb ging er wieder zurück zum guten Elefanten.

„Der Preis, den ich für deine beiden Stoßzähne bekommen habe, reichte gerade aus meine alten Schulden zu begleichen. Doch jetzt nage ich wieder am Hungertuch", sagte er, als der Elefant fragte, was ihn so schnell wieder herführe.

„Hm", sagte der Elefant, der mit den beiden Stummeln im Gesicht nicht mehr ganz so majestätisch aussah wie vorher.

„Kann ich mir auch noch den Rest deiner Stoßzähne absägen?", fragte der Förster dreist.

„Na gut," willigte der gute Elefant ein und beugte die Knie, damit der Förster auch den Rest der Stoßzähne

noch   absägen
konnte.

Es dauerte nicht lange, da
kam der Förster ein drittes Mal
zurück.

„Ich bin ja so unglücklich",
jammerte er. „Das Geld, das ich für
den Rest deiner Stoßzähne bekommen habe, reichte gerade, um meine
neuen   Schulden   zurückzuzahlen.
Kannst du mir nicht auch noch die
allerletzten Stummel deiner Stoßzähne
geben?"

„Hm", der gute Elefant überlegte
nicht lange, sondern kniete sich vor dem
Förster nieder. Der schob die Haut und
das Fleisch zurück, in denen die Stummel
lagen, und sägte auch den allerletzten Rest
der Stoßzähne heraus. Dann drehte er sich
um und machte sich auf den Weg zurück in
die Stadt. Der Elefant sah ihm nachdenklich, aber
auch voller Mitgefühl nach. „Armer Kerl!", dachte er.
„Mir macht es nichts aus, ohne Stoßzähne herumzulaufen,
aber du wirst dich durch deine Gier nur immer weiter ins
Unglück stürzen." Der Elefant trottete gemächlich zurück
in den undurchdringlichen Dschungel.

Kaum hatte der Förster ein paar Meter zurückgelegt, da begann die Erde zu beben und zu stöhnen. Erschrocken blieb der Elefant stehen und sah sich zum Förster um, der laut um Hilfe rief. Es war, als ob die Erde die Schlechtigkeit dieses Schufts nicht mehr länger ertragen könnte. Denn sie öffnete sich einen Spalt an der Stelle, wo der Förster mit den herausgesägten blutigen Strünken stand, und verschluckte ihn.

Ein Baumgeist, der in der Nähe seine Wohnstatt hatte, sang ein Liedchen, das der Wind in alle vier Himmelsrichtungen trug:

Wer undankbar ist,
will immer mehr,
je mehr er bekommt;
nichts auf der Welt
kann seine Gier befriedigen.

Vom Specht, der mutig einem Löwen half

Es geschah einmal vor langer, langer Zeit, dass der Buddha in den waldigen Hügeln am Fuße des Himalaya als Specht zur Welt kam. Er lebte zufrieden in seinem kleinen Wald und war bei allen Tieren ein gern gesehener Gast.

Im gleichen Waldstück lebte ein Löwe. Der war gerade in große Schwierigkeiten geraten, denn ihm war der Splitter eines Knochens in der Kehle stecken geblieben, als er er gierig seine Beute hinunterschlingen wollte. So sehr er auch hustete und keuchte, ob er sich auf den Rücken rollte oder fast einen Kopfstand machte, der Knochensplitter saß in seinem Hals fest, so dass der Löwe kaum Luft bekam. Zudem schwoll sein Gaumen so sehr an, dass er nichts mehr essen und trinken konnte. Ein schrecklicher Schmerz tobte in seinem Hals und verzweifelt hatte sich der Löwe im dichten Gebüsch versteckt.

Der Specht, der zufällig an diesem Gebüsch vorbeigeflogen war, hatte den Löwen gleich entdeckt und sich in der Nähe auf einen Ast gesetzt. Als er sah, dass dem Löwen

Tränen von Schmerz, Wut und Angst in den Augen schwammen, sprach er ihn an: „Hallo Löwe! Was ist denn mit dir los?"

Mit schwacher Stimme, immer wieder unterbrochen von schrecklichem Keuchen und Hustenanfällen, erzählte der Löwe, was ihm geschehen war.

Der Specht sah ihn mitfühlend an: „Ich würde dir ja gerne helfen und dir den Knochensplitter aus dem Hals ziehen. Aber ich habe Angst, dass du mich dann auffrisst, sobald der Splitter raus ist, aber ich noch in deinem Maul sitze!"

„Hab keine Angst!", krächzte der Löwe und bekam wieder einen fürchterlichen Hustenanfall. „Ich schwöre dir, ich werde dich nicht fressen. Und wann immer du einen Wunsch hast, kannst du zu mir kommen und ich werde alles tun, was in meiner Löwenmacht steht, um ihn dir zu erfüllen. Das verspreche ich dir hoch und heilig!"

Der Löwe bekam kaum noch Luft und seine letzten Worte waren ein schwaches Flüstern. „Befreie mich nur von diesem schrecklichen Knochensplitter! Du siehst doch, dass ich sonst sterben muss!", bettelte er mit ganz schwacher Stimme.

„Also gut!", meinte der Specht und befahl dem Löwen, sich auf die Seite zu legen.

Bei sich dachte er: „Wer weiß, ob der Löwe die Wahrheit sagt!"

„Sperr dein Maul jetzt so weit auf, wie du nur kannst!", ordnete der Specht an. Der Löwe tat, wie ihm geheißen.

Der Specht suchte sich einen langen Stecken und befestigte
ihn so im Maul des Löwen, dass er seinen Kiefer nicht
mehr zuklappen konnte, denn durch den Stock wurde er
in einer bestimmten Stellung festgehalten. Das Löwenmaul war jetzt weit aufgesperrt und der Specht konnte
den Knochensplitter gut erkennen. Er steckte seinen
Köpfchen tief hinein in das riesige Löwenmaul und holte
den Knochensplitter heraus. Der Löwe bekam schon wieder Luft, aber der Stock hielt ihm noch das Maul unbe-
weglich und weit offen. Der Specht hüpfte aus dem Maul

heraus, krallte sich an der Löwenmähne fest und hackte mit seinem Schnabel gegen den Stock, der dem Löwen das Maul offen hielt, damit er zerbrechen sollte. Einfach war das nicht. Der Specht wollte sich aber auf keinen Fall dem Löwen ins Maul setzen, aus Furcht, dann vom ihm gefressen zu werden, sobald der sein Maul wieder zuklappen könnte. Endlich brach der Stock in zwei Stücke. Blitzschnell flatterte der Specht hoch in die Luft und setzte sich in sicherer Entfernung auf einen Baum. Genauso schnell spuckte der Löwe den zerbrochenen Stock aus dem Maul und brüllte glücklich sein schaurigstes Löwengebrüll in den Wald. Er wollte sich vergewissern, ob seine Stimme noch die alte war.

Nach einigen Tagen war der Löwe wieder vollkommen gesund. Er hatte kein Kratzen mehr im Hals und der Gaumen war auch nicht mehr geschwollen. Sein Hunger aber war riesengroß, denn er hatte ein paar Tage lang nichts gefressen.

Darum hatte er einen wilden Büffel getötet und war nun dabei ihn zu verschlingen. Der Specht, der gerade vorbeiflog und das sah, dachte bei sich: „Jetzt werde ich den Löwen einmal testen, ob er wirklich die Wahrheit gesagt hat!" Über dem Kopf des Löwen hing ein Ast, der sich tief hinabbeugte. Der Specht setzte sich darauf, so dass der Löwe ihn gut sehen konnte.

„Hallo!", rief der Specht. Der Löwe schaute neugierig auf. „Kann ich dich um einen winzig kleinen Wunsch bitten?", fragte der Specht und verstellte dabei seine Stimme, so dass sie sich ganz jämmerlich anhörte.

„Um einen Wunsch bitten willst du mich?", der Löwe lachte höhnisch. „Ich glaube nicht, dass ich noch in deiner Schuld stehe. Ich habe dich nicht gefressen, als du in meinem Maul stecktest, das war ja wohl mehr als genug!"

„Dacht ich's mir doch!" Diese Antwort bestätigte die Befürchtungen des Spechtes. Der Löwe hatte gelogen! „Wenn er gekonnt hätte, hätte er mich sicher gefressen!" Den Specht schauderte, so dass sich seine Federn aufstellten, und er war froh, dass er zu der List mit dem Stecken gegriffen hatte.

„Bevor ich mir meine Zeit vermiese, mache ich mich lieber aus dem Staub. Mit solchen Schuften sollte man sich nicht abgeben!", dachte der Specht, spreizte seine herrlich bunten Flügel und flog davon, ohne auch nur noch ein Wort gesagt zu haben.

Der fliegende Elefant

In einem kleinen Dorf in Indien wurde der Buddha einmal in einer Familie von Arbeitselefanten geboren. Weil er wunderschön aussah, zog er die Aufmerksamkeit aller auf sich, denn er hatte eine edle Gestalt, war schneeweiß, hatte silbern schimmernde Stoßzähne und einen himbeerroten Mund.

Auch der König erfuhr von der außerordentlichen Schönheit des Elefanten und schickte seine Diener aus, die ihn dem Besitzer abkaufen und zu ihm bringen sollten.

Als er den Elefanten zum ersten Mal sah, glänzten die Augen des Königs: Der Elefant war wahrhaftig so schön, wie die Leute ihm erzählt hatten. Er befahl, für den Elefanten einen eigenen Stall zu bauen, der mit golddurchwirkten Vorhängen geschmückt war. In seinem ganzen Reich ließ der König verkünden, dass der neue Elefant von nun an sein persönlicher Elefant sei, den ohne seine Erlaubnis keiner besteigen dürfe.

Als wieder einmal ein Festtag gefeiert wurde, befahl der König, dass die ganze Stadt geschmückt werden solle.

Überall hingen bunte Fahnen, viele Blumengirlanden schmückten die Häuser, jeder Schmutz war weggefegt und die Sonne strahlte vom Himmel. Der König bestieg seinen Elefanten, der mit farbigen Bändern geschmückt war. Diese waren mit glitzernden Juwelen besetzt, die im Licht funkelten. In einer feierlichen Prozession ritt der König begleitet von einem großen Gefolge durch die ganze Stadt. Die Straßen, durch die der König auf seinem majestätischen Elefanten vorbeikam, waren voller Menschen. Als sie den Elefanten sahen, riefen sie begeistert: „Was für ein schöner Elefant!" Manche fielen sogar vor Ehrerbietung auf die Knie und sagten: „Dieser Elefant ist etwas ganz Besonderes, er ist ein Juwel unter den Lebewesen!"

Als der König merkte, dass seine Untertanen die Schönheit und königliche Erscheinung des Elefanten priesen und nicht etwa seine, da wurde er fürchterlich wütend und neidisch. Er beschloss den Elefanten in einen Abgrund werfen zu lassen, damit er dort sterbe. Er ließ den Elefantentreiber herbeirufen und schrie ihn an: „Nennst du dieses Vieh etwa einen trainierten Elefanten?"

„Natürlich, Euer Majestät!", antwortete der Elefantentreiber verwirrt. „Er ist unser bester Elefant."

Das stimmt nicht!", schimpfte der König. „Er ist sehr schlecht trainiert!"

„Aber Euer Majestät, er ist der gelehrigste, der klügste, der schönste Elefant auf der ganzen Welt!"

„So?", der König richtete sich gebieterisch auf. „Ist er

so gut trainiert, dass er die Spitze des höchsten Berges in meinem Reich besteigen kann?"

„Natürlich kann er das, wenn Euer Majestät dies wünscht!", antwortete der Elefantentreiber und verbeugte sich tief.

„Zeig es mir!", befahl der König, kletterte vom Rücken des Elefanten herunter und befahl dem Treiber sich auf den Elefanten zu setzen. Der König ließ sich in einer Sänfte zum Fuß des höchsten Berges seines Reiches tragen, während der Elefant mit dem Träger auf dem Rücken den Berg erklomm. Ein großes Gefolge begleitete sie.

Auf dem Gipfel des Berges machte der Elefant Halt. Vor ihm tat sich ein tiefer Abgrund auf.

Dann sagte der König: „Wenn er so gut ausgebildet ist, dann müsste er doch auch auf drei Beinen stehen können?"

„Natürlich kann er das, Euer Majestät!" Der Elefantentreiber machte dem edlen Tier ein Zeichen und dieses hob ein Bein. Jetzt stand der Elefant nur noch auf drei Beinen.

„Jetzt sag ihm, dass er nur noch auf zwei Beinen stehen soll!", befahl der König grimmig.

Der Elefantentreiber tätschelte den Elefanten hinter dem Ohr und flüsterte: „Steh auf zwei Beinen, meine edle Schönheit!"

Und der Elefant hob beide Hinterbeine und stand nur noch auf den beiden vorderen.

„Ich will, dass er jetzt auf seinen beiden Hinterbeinen steht!", herrschte der König den Elefantentreiber an.

Gehorsam hob der Elefant seine Hinterbeine und stand auf den Vorderbeinen.

„Ich will, dass der Elefant auf einem einzigen Bein steht!", befahl der König.

Und der Elefant tat auch das: Auf nur einem Bein stand er fest und ohne zu wanken vor dem Abgrund.

Als der König sah, dass der Elefant immer noch nicht in den Abgrund stürzte, wurde er wütend und schrie: „Ich befehle dir, lass den Elefanten in der Luft stehen!"

Ein Raunen ging durch die Menge, die zusammen mit dem König auf den Berg gekommen war. Was war in ihn

gefahren? Der Elefan-
tentreiber dachte: „In
ganz Indien gibt es kei-
nen Elefanten, der diesem
ebenbürtig ist. Ich bin sicher, der
König will, dass er den Abgrund hin-
unterstürzt und dabei den Tod findet."

Deshalb flüsterte er dem Elefanten ins
Ohr: „Du herrlicher und edler Elefant! Der
König will, dass du den Abgrund hinunter-
stürzt und dabei ums Leben kommst. Er ist
deiner nicht wert. Wenn du die Macht hast,

dann erheb dich in die Lüfte und flieg mit mir auf dem Rücken weit weg von hier!"

Der wunderbare Elefant besaß tatsächlich ungewöhnliche Fähigkeiten, die er sich durch gute Taten in früheren Leben erworben hatte. Er hob seinen schneeweißen Rüssel in die Luft, trompetete dreimal so laut, dass alle eine Gänsehaut bekamen, obwohl die Sonne heiß vom Himmel knallte. Und siehe da, der Elefant erhob sich in die Luft.

Da wandte sich der Elefantentreiber, der auf dem Rücken des edlen Tieres saß, zum König hin und rief ihm zu: „Ihr seid es nicht wert diesen wunderschönen, machtvollen Elefanten zu besitzen! Jetzt verliert Ihr ihn und dazu all Euren Ruhm und Eure Ehre!"

Die silbernen Stoßzähne erglänzten in der Sonne, als der Elefant in der Luft von dannen flog. Die Menschen, die ihn wegfliegen sahen, hatten Tränen in den Augen. „Wie konnte unser König nur so selbstherrlich sein!", dachten sie alle.

Der Elefant trompetete fröhlich und flog weit weg in ein anderes Königreich.

Die Menschen dort liefen zusammen, als sie den Elefanten durch die Luft kommen sahen, und der König des Reiches wurde benachrichtigt.

Aus Freude darüber, dass ein so edler, machtvoller und schöner Elefant in sein Königreich kommen wollte, ließ der König die ganze Stadt schmücken. Er lud den Elefanten ein, in seinem königlichen Garten zu landen, was dieser auch tat.

Der Elefantentreiber kletterte vom Rücken des edlen Tieres und berichtete, was geschehen war.

Der König freute sich sehr und sagte: „Ich bin glücklich, dass ihr den Weg in mein Reich gefunden habt!" Er ließ einen wunderschönen Stall für den Elefanten herrichten und teilte aus Freude sein Reich in drei Teile: Über eines herrschte von nun an der Elefantentreiber, über das andere der edle Elefant und das letzte Stück behielt der König.

Von diesem Tag an wuchsen die Macht, der Einfluss und der Reichtum des Königs unermesslich an. Er war großzügig, tat viel Gutes und lebte glücklich und gesund bis ans Ende seines Lebens.

Der König im Schlammloch

E s war vor langer, langer Zeit, da lebte der Buddha als Steinbock in einem abgelegenen Waldgebiet. Menschen kamen kaum in diese Gegend. Deshalb war es ein friedlicher Ort, an dem die wilden Tiere sich wohl fühlten. Flüsse und kleine Bäche durchzogen das Gebiet. Es gab Hügel, Sümpfe und steinige Abhänge.

Der Steinbock war ein starkes Tier, er war flink, geschickt und mutig. Er lebte von Gras und Blättern, trank frisches Wasser und fühlte sich glücklich in seinem Wald. Niemals tat er den anderen Tieren etwas zuleide.

Eines Tages kam der König, dem dieses Land gehörte, in den Wald. Er ritt auf einem großen Ross, in der Hand hielt er einen gespannten Bogen. Er war auf der Jagd und suchte eine geeignete Beute, an der er seine Treffsicherheit beweisen konnte. Begleitet wurde er von einer Menge anderer Reiter, die alle zu seinem königlichen Gefolge gehörten. Auf Elefanten und Pferden folgten ihnen die Diener.

Plötzlich sah der König in weiter Entfernung den Steinbock stehen. Er beschloss ihn zu schießen und gab seinem Pferd die Sporen. Als der Steinbock merkte, dass der König hinter ihm her war und sogar schon seinen Bogen gespannt hatte, da sprang er behände weg. So schnell er konnte, lief er tiefer in den Wald hinein. Der König folgte ihm in rasender Geschwindigkeit. Da musste der Steinbock einem tiefen Sumpfloch ausweichen und machte einen scharfen Bogen. Das Pferd des Königs, das den Steinbock schon fast eingeholt hatte, roch den sumpfigen Geruch und blieb abrupt stehen. Darauf war der König nicht vorbereitet. Er hatte seine Augen nur auf den flüchtenden Steinbock geheftet und nicht auf den Boden. Als sein Pferd plötzlich

stehen blieb, fiel er kopfüber aus dem Sattel und landete unsanft in dem stinkenden Sumpfloch.

Der Steinbock hörte, dass das Hufgetrampel des Pferdes mit einem Mal aufhörte. Das war seltsam. War der König etwa umgekehrt und hatte die Verfolgung aufgegeben? Der Steinbock rannte langsamer und blieb schließlich stehen. Er wandte den Kopf und suchte den Wald nach Ross und Reiter ab. In der Nähe des Schlammlochs entdeckte er das Pferd, das reiterlos graste. Wo war der König? Da war kein hohes Gras, in dem er sich hätte verstecken können. Vielleicht war er zu Fuß weitergegangen? Aber nirgends konnte der Steinbock den König entdecken.

„Vielleicht ist er in das Schlammloch gefallen?", ging es dem Steinbock durch den Kopf. „Oh, der arme König!" Mitleidig dachte der Steinbock an den Schock, den der König wohl erlitten haben musste: Gerade noch war er von einer großen Menschenmenge umjubelt worden und jetzt lag er in einem stinkenden Schlammloch.

„Vielleicht hat er sich sogar etwas gebrochen? Oder er ist bewusstlos? Womöglich leidet er irrsinnige Schmerzen?" Solcherlei Gedanken gingen dem Steinbock durch den Kopf und das, obwohl der König doch versucht hatte ihn zu töten.

Der Steinbock beschloss zum Schlammloch zu gehen und nachzuschauen, wie es dem König ging. „Sicher kann der König sich selbst nicht helfen!", dachte er. „Er ist es nicht gewohnt, mit solchen Schwierigkeiten umzugehen. Seine Diener halten sicherlich alles Schmutzige und Unangenehme von ihm fern. Es wird ihm schrecklich zumute sein in diesem Stinkloch!" Geschwind eilte der Steinbock zurück zum Schlammloch.

Tatsächlich! Darin lag der König. Seine Waffen waren im Schlamm versunken. Seine königliche Kleidung war verdreckt, sein Turban war ihm vom Kopf gefallen und lag im Schlamm. Der König war verzweifelt und litt höllische Schmerzen. Beim Sturz in das tief gelegene Loch hatte er sich lauter Schrammen und blaue Flecken geholt. Und das Bein hatte er sich auch noch verstaucht.

Voller Mitleid sprach der Steinbock tröstend den König an, der ihn ja eigentlich hatte töten wollen: „Ich hoffe, Euer Majestät haben sich nicht verletzt beim Sturz in dieses eklige Schlammloch? Können Euer Majestät den Schmerz aushalten?" Besorgt blickte der Steinbock nach unten.

Der König sah erschrocken den Steinbock an und glaubte vielleicht schon im Reich der Toten gelandet zu sein oder irgendeinen Geist vor sich zu haben. Der Steinbock, den er hatte töten wollen, sprach ihn freundlich an; das konnte doch nicht mit rechten Dingen zugehen. Der König schlug vor Angst und Schreck die Hände vors Gesicht.

„Euer Exzellenz brauchen sich nicht zu fürchten!", rief der Steinbock. „Ich bin kein Geist! Ich bin nur ein wildes Tier, das hier im Wald lebt und sich von Gras und Blättern ernährt. Ihr könnt mir vertrauen!"

Vorsichtig blickte der König zwischen seinen Fingern hindurch und beäugte das Tier, das vom Rand des Sumpflochs aus mit ihm sprach. Langsam beruhigte sich der König und nahm die Hände vor dem Gesicht weg.

"Wenn Ihr mir vertraut, kann ich Euch helfen!", rief der Steinbock dem König zu.

"Er will mir helfen, obwohl ich ihn töten wollte?", dachte der König verwirrt.

„Wie kann er mir helfen wollen, wo ich ihm doch so deutlich meine Absichten gezeigt habe? Ich wollte ihn töten und er will mich retten." Der König war äußerst verwirrt. Plötzlich war alles aus der Ordnung gekommen. „Wie konnte ich mich so gemein gegenüber einer unschuldigen Kreatur verhalten?", schalt sich der König selbst. Er schämte sich plötzlich sehr: „Ich habe mich wie ein wildes Tier verhalten und der Steinbock verhält sich wie ein guter Mensch!" Der König schüttelte verwundert seinen schmerzenden Kopf.

Nach einigem Nachdenken fasste sich der König ein Herz und antwortete: „Es geht mir nicht so schlecht. Gebrochen habe ich mir, glaube ich, nichts. Der körperliche Schmerz ist halb so schlimm. Er ist nichts gegen den seelischen Schmerz, den ich leide. Ich habe mich gegenüber einem so großherzigen Wesen, wie Ihr es seid, ganz erbärmlich verhalten. Bitte nehmt es mir nicht übel, dass ich Eure Erscheinung für ein wildes Tier gehalten habe." Der König lächelte verlegen und versuchte damit den Steinbock günstig zu stimmen.

Für den Steinbock schien das ein Zeichen des Entgegenkommens zu sein. Er fasste es als Zustimmung des Königs auf sich helfen zu lassen. Er suchte sich einen Stein, der ungefähr so schwer war wie der König, und probierte aus, ob er diese Last auch tragen konnte.

Als es ihm gelang, den Stein zu tragen, ging er zurück zum Schlammloch, kletterte vorsichtig hinein und sagte: „Euer Hoheit, wenn es Euch nichts ausmacht, dann klettert auf meinen Rücken und haltet Euch fest! Ich will Euch nach oben bringen."

Der Steinbock kniete nieder und der König kletterte auf seinen Rücken. Vorsichtig erhob sich der Steinbock, spannte alle Muskeln an und schnellte mit einem unglaublichen Sprung aus dem tiefen Loch. Dann trug er den König zurück zu seinem Ross und erklärte ihm, wie er zurück zu seinen Leuten in die Hauptstadt finden würde.

Der König war von Gefühlen überwältigt, er umarmte den Steinbock und sagte: „Sehr verehrter Steinbock, mein Leben, alles, was ich habe, gehört Euch. Kommt mit mir in meine Hauptstadt und seid mein Freund. Wohnt bei mir, ich schenke Euch alles, was Ihr wollt. Ihr möchtet doch sicher nicht immer hier in dem Wald bleiben, wo Ihr Hitze und Kälte, Hunger und Durst erleiden müsst. Kommt mit mir und regiert mit mir zusammen mein Königreich!"

Der Steinbock dankte dem König für sein Angebot und antwortete: „Euer Majestät, Euer Angebot rührt mich. Das kann nur von einem Menschen kommen, der ein gutes Herz hat. Aber wenn Ihr denkt, ich wolle meinen schönen Wald verlassen, dann habt Ihr Euch getäuscht; der Wald ist meine Heimat, ich lebe gern hier. Unter den Menschen würde ich mich nicht wohl fühlen. Aber wenn Ihr mir einen Gefallen tun wollt, dann gebt das Jagen auf. Habt Mitleid mit den Tieren, die Euren Waffen nicht gewachsen sind. Auch die Tiere wollen glücklich sein. Fügt Ihnen nicht zu, was Ihr selbst nicht wollt, dass es Euch zugefügt wird."

Der König nickte betroffen. So weit hatte er nie gedacht, dass die Tiere, die er jagte, sein Jagdvergnügen ja mit dem Leben bezahlen mussten.

Der Steinbock sprach weiter: „Denkt immer daran: Etwas Schlechtes tun bringt einem nichts als Unglück. Etwas Gutes tun dagegen macht einen selbst glücklich. Verdoppelt deshalb Euren Einsatz Gutes zu tun. Gerade als König habt Ihr sehr viel Macht und Einfluss und könnt anderen durch Eure Großzügigkeit helfen!"

Der König sah den Steinbock dankbar an. Er verbeugte sich ehrfürchtig vor ihm.

Der Steinbock drehte sich um und trottete gemächlich in den Wald. Bald war er im Dickicht verschwunden und nicht mehr zu sehen.

Von Herzen,
die an Bäumen hängen

Vor langer, langer Zeit, da wurde der Buddha einmal als Affe geboren. Glücklich und zufrieden lebte er in den grünen Hügeln zu Füßen des Himalaya. Seine Wohnung befand sich in einer Flussbiegung des Ganges, mitten im Dschungel. Dort lebte auch ein Krokodil mit seiner Frau.

Da der Affe groß und stark und ungewöhnlich mutig war, glaubte die Frau des Krokodils, sie könne seine Kräfte erwerben, wenn sie nur sein Herz essen könnte. Deshalb bat sie ihren Mann den Affen zu töten und ihr sein Herz zu bringen.

„Gute Frau", antwortete er, „wie soll denn das gehen? Er lebt auf dem Land und wir im Wasser!"

„Lass dir was einfallen! Wenn ich das Herz nicht bekomme, muss ich sterben!", jammerte sie und rollte dabei erbärmlich mit den Augen.

„Also gut, ich werde es versuchen", gab das Krokodil erschrocken zurück. Seine Frau verlieren, das wollte er auf keinen Fall. Von Tag zu Tag schien seine Frau schwächer zu werden. Dem Krokodil rauchte schon der Kopf vom vielen Denken, aber bis jetzt war ihm immer noch keine Idee gekommen.

„Ich hab's, ich hab's!", rief er plötzlich und riss mit seinem Jubel die Krokodilin aus dem Mittagsschläfchen. „Ich weiß jetzt, wie wir das Herz bekommen können!", jauchzte er und flüsterte ihr seinen Plan ins Ohr.

Als der Affe an diesem Abend an den Fluss kam, um ein paar Schluck Wasser zu trinken, sprach ihn das Krokodil an: „Hallo Affe, warum isst du eigentlich immer die schlechten Früchte an dieser Uferseite? Auf der anderen Seite vom Fluss gibt es unendlich viele Mangobäume und Bananenstauden mit Früchten süßer als Honig. Wäre es nicht besser, auf die andere Seite zu gehen und dort die besten wilden Früchte, die man sich nur vorstellen kann, zu sammeln?"

„Tja, das ist sicher eine gute Idee", antwortete der Affe, „nur ist der Ganges sehr breit und tief. Wie sollte ich

denn auf die andere Seite gelangen?" „Das ist doch kein Problem!" Das Krokodil lächelte freundlich. „Ganz einfach: Du setzt dich auf meinen Rücken und ich bring dich rüber."

Der Affe fand den Vorschlag gut und meinte: „Vielen Dank für das Angebot, ich nehme es gern an."

„Dann steig auf meinen Rücken", sagte das Krokodil, „und halt dich gut fest." Das Krokodil kam ans Ufer geschwommen und der Affe setzte sich auf seinen Rücken. Das Krokodil ließ sich wieder ins Wasser gleiten und schwamm ein Stück bis in die Mitte des Flusses. Doch dann tauchte es plötzlich unter.

„Guter Freund!", schrie der Affe. „Pass doch auf, ich kann nicht schwimmen!"

„Was denkst du denn? Hast du wirklich geglaubt, ich würde dich aus purer Affenfreundlichkeit über den Fluss bringen? Hahaha", das Krokodil lachte laut. „Weit gefehlt: Meine Frau will unbedingt dein Herz zum Essen haben und das werde ich ihr jetzt auch bringen!"

Dem Affen wurde mulmig zumute. Jetzt saß er in der Falle. Was sollte er nur tun? Plötzlich kam ihm die rettende Idee.

„Es ist nett, dass du mir sagst, was du vorhast", antwortete der Affe ruhig. „Aber denkst du etwa, wir Affen hätten unser Herz hier drin in unserem Körper?"

Das Krokodil starrte den Affen mit großen Augen an.

„Es würde doch kaputt gehen und in tausend Teile auseinander brechen, wenn wir auf den Bäumen herumklettern und Riesensprünge von Ast zu Ast machen. Das hält doch kein Herz aus!", erklärte der Affe seelenruhig.

„So?" Das Krokodil war durcheinander. „Aber wo ist dein Herz dann?"

Der Affe deutete auf einen Feigenbaum, der in der Nähe des Ufers stand und dessen Äste voller reifer Früchte hingen. „Sieh genau hin, dort an diesem Baum hängen unsere Herzen!" Und er deutete mit dem Finger auf den Baum.

„Wenn du mir dein Herz zeigst, dann werde ich dich nicht töten!", versprach das Krokodil.

„Bring mich zu dem Baum und dann werde ich es dir zeigen!", versicherte der Affe.

Das Krokodil machte kehrt und schwamm mit dem Affen auf dem Rücken zum Feigenbaum am Ufer. Flink ergriff der Affe einen Ast, der tief zum Wasser herunterhing, schwang sich hinauf und kletterte auf den Baum.

„Vielen Dank für den Transport", lachte der Affe. „Hier in dem Baum hängen natürlich nur Feigen und die schmecken mir auch sehr gut. Ans andere Ufer will ich nicht mehr!"

Wütend und enttäuscht machte das Krokodil kehrt und schwamm zurück zu seiner Frau. Der Affe aber nahm sich vor, von nun an immer mit den Früchten zufrieden zu sein, die vor seiner Nase wuchsen, als welche zu wollen, die er nicht erreichen konnte.

Freunde in der Not

Vor langer, langer Zeit lebte der Buddha einmal in einem Wald in der Nähe eines großen Sees. Er war dort als Löwe geboren worden. In der Nähe des Waldes lebten auch Menschen in einem kleinen Dorf. Von Zeit zu Zeit kamen sie und durchstreiften die Wälder auf der Suche nach Nahrung.

Im Süden des Sees lebte ein Falke zusammen mit seiner Frau, im Osten lebte ein Fischadler und in der Mitte des Sees lebte auf einer kleinen Insel eine Schildkröte.

Die beiden Falken erwarteten Nachwuchs. Da fragte die Falkenfrau ihren Mann: „Hast du eigentlich Freunde?"

Der Falke dachte lange nach und musste dann aber bedauernd den Kopf schütteln: „Nein, ich habe überhaupt keine Freunde."

„Wir brauchen aber Freunde, die uns in der Not beistehen und uns und unsere Kinder in Gefahr beschützen können!", sagte die Falkenfrau. „Da hast du Recht", antwortete der Falke, „ich könnte den Adler fragen, der im Osten des Sees lebt. Den Löwen könnte ich auch fragen, er lebt im Norden des Sees; und die Schildkröte auf der kleinen Insel in der Mitte des Sees; sie alle könnte ich fragen, ob sie unsere Freunde sein wollen."

Gesagt, getan. Der Falke flog zu den drei Tieren und fragte sie, ob sie künftig alle Freunde sein wollten. Hocherfreut stimmten die anderen zu.

Bald legte die Falkenfrau zwei Eier. Und nachdem wieder einige Zeit vergangen war und die beiden Falken abwechselnd die Eier bebrütet hatten, schlüpften zwei kleine Falken aus.

Zur selben Zeit streiften zwei Männer vom nahe gelegenen Dorf durch den Wald auf der Suche nach einem Tier, das sie fangen und essen könnten. Bis jetzt hatten sie aber noch nichts gefunden. Als sie an den See kamen, wurden sie von Schnaken umschwirrt und fürchterlich gestochen. „Wir müssen diese Viecher vertreiben!", schrie der eine, dem die Schnaken am meisten zugesetzt hatten. „Ich will ein Feuer machen, der Rauch wird sie vertreiben!"

Er sammelte trockenes Holz, zündete es an und warf dann grüne Zweige darüber. Großer Qualm stieg auf und vertrieb die Schnaken. Der Qualm stieg aber auch hoch zum Nest der Falken, das ganz in der Nähe war. Die jungen Falken krächzten ängstlich.

„Hast du das gehört?" Aufmerksam lauschten die Männer. Da hörten sie ganz deutlich das Krächzen der kleinen Falken und entdeckten auch das Nest hoch oben im Baum.

„Junge Falken!", jubelte der eine. „Hm! Die holen wir uns! Das wird ein herrlicher Festschmaus werden!"

Die beiden Männer beschlossen dort unter dem Baum, wo die Falken ihr Nest hatten, Feuer zu legen. So könnten sie wenig später gebratene Falken essen, hofften sie.

Als die beiden Falkeneltern das sahen, bekamen sie große Angst. Der Falkenvater flog, so schnell er konnte, zum Adler, um ihn um Hilfe zu bitten.

„Hab keine Angst, natürlich werde ich euch helfen. Was tun die beiden Männer im Moment?"

„Sie entfachen das Feuer. Sie wollen den Baum abbrennen!", wisperte der Falke. Vor Angst um seine beiden Kinder war seine Kehle ganz zugeschnürt.

Der Adler erhob sich in die Lüfte, flog zum See und stürzte sich hinein. Mit tropfnassem Gefieder flog er über das Feuer, schüttelte im Flug die Flügel und löschte es damit aus. So ging es den ganzen Nachmittag bis in die

Nacht hinein. Immer, wenn die beiden Männer wieder ein Feuer entzündet hatten, löschte der Seeadler es mit seinen mächtigen Schwingen aus. Schließlich war es fast Mitternacht und der Adler war sehr erschöpft.

Der Falke sah, dass der Adler dringend Ruhe brauchte. „Du brauchst eine Pause, Adler!", rief er ihm zu. „Ich fliege schnell zur Schildkröte und frage, ob auch sie uns helfen kann."

So schnell er konnte, flog er zu ihr hin und erzählte ihr, was geschehen war. „Der Adler ist völlig entkräftet, er kann nicht mehr! Kannst du uns helfen?"

„Aber natürlich! Ich lasse doch Freunde in der Not nicht allein! Flieg schon voraus, ich komme nach!"

Die Schildkröte schwamm schnell wie ein Pfeil durch das Wasser, sammelte am Ufer so viel Schlamm, wie sie nur konnte, und erstickte damit das Feuer mit dem Schlamm.

Die beiden Männer

schrien auf vor Zorn. „Verdammt! So kommen wir nie zu unserem Festessen! Wir lassen jetzt die beiden Falken und schnappen uns die Schildkröte. Gebratene Schildkröte ist auch nicht zu verachten!"

Sie versuchten die Schildkröte mit den Händen zu fassen, da es aber dunkel war und der Mond nur halb am Himmel stand, sahen sie nicht besonders gut. Statt die Schildkröte zu packen, griffen sie in spitze Dornen.

„Aua!", schrie der eine. „Mist!", schrie der andere.

In der Zwischenzeit war die Schildkröte schon am Seeufer angelangt und mit einem lauten Platschen glitt sie ins Wasser. Die beiden Männer, ganz außer sich vor Wut, sprangen hinterher. Schnaubend und prustend zappelten sie im Wasser, konnten die Schildkröte aber nirgends mehr entdecken. Mühsam kletterten sie ans Ufer, was nicht einfach war, da es hier ganz besonders schlammig war. Ihre Bäuche waren voll mit Wasser, das sie verschluckt hatten.

„So viel Pech auf einmal, das gibt's doch nicht!", schimpfte der eine. „Erst löscht uns ein Adler das Feuer, dann eine Schildkröte und zu guter Letzt fallen wir auch noch an dieser Schlammstelle ins Wasser!"

Müde legten sich die beiden Männer unter den Baum, wo das Nest der Falkenfamilie war. „Morgen holen wir euch runter und braten euch zum Frühstück!", rief der andere und ballte die Faust.

Voller Angst machte sich die Falkenmutter zum Löwen auf und weckte ihn. Erstaunt rieb er sich die Augen und fragte, warum sie ihn zu einer solch ungewöhnlichen

Stunde aufsuche. Schnell und hastig erklärte sie dem Löwen, was geschehen war und in welch großer Gefahr ihre Kinder schwebten.

„Hm", brummte der Löwe und gähnte. „Natürlich werde ich euch helfen. Ich lasse doch meine Freunde nicht im Stich. Flieg du schon voraus und kümmere dich um deine Jungen, ich komme gleich!"

Der Löwe ging zunächst einmal zum See und plantschte darin herum. Durch das Geräusch wurden die beiden Männer, die inzwischen eingeschlafen waren, aufgeweckt. Sie erschraken zu Tode, als sie den Löwen, den König der Tiere, majestätisch auf sich zukommen sahen. So schnell sie konnten, rappelten sie sich auf und rannten schreiend davon.

Durch das laute Angstgebrüll wurden der Adler und die Schildkröte herbeigerufen. Sie trafen sich alle unter dem Baum, wo die Falken ihr Nest hatten.

„Vielen herzlichen Dank!", sagten die beiden Falken und hatten Tränen des Glücks in den Augen.

„Wenn das nächste Mal so etwas passiert", sagte der Löwe und schüttelte seine mächtige Löwenmähne, so dass das Wasser nach allen Seiten spritzte, „ruft ihr mich sofort, damit ich euch helfen kann!"

Sie versicherten sich noch einmal ihre Freundschaft und versprachen, einander in Freud und Leid beizustehen.

Noch lange lebten sie glücklich und zufrieden und niemals brachen sie ihre Freundschaft.

Vom Geier, der die Winde herausforderte

Zwischen den Hügeln des Himalaya erhebt sich ein Berg, den alle den Geierberg nennen. Er ist bis unter den Gipfel mit Wäldern umsäumt, sein Gipfel aber ist kahl. Schon von weitem sieht der Geierberg bedrohlich aus, die meisten Tiere meiden ihn. Nicht so die Geier: Sie umfliegen ihn und sind froh und glücklich dort. Einmal, wurde der Buddha dort als Geier geboren. Als er erwachsen geworden war, heiratete er und hatte viele Kinder. Eines seiner Kinder, das Migalopa hieß, war anders als die anderen Geier: Migalopa war ungeheuer mutig und stark. In allen Dingen übertraf er die anderen; zum Beispiel flog er so hoch in den Himmel, dass keiner der Geier ihn mehr sehen konnte. Die anderen Geier waren sehr bestürzt, denn so etwas hatte es noch nie gegeben, und sie erzählten es Migalopas Vater.

Was er da hörte, gefiel ihm gar nicht. Er ließ seinen Sohn zu sich kommen. „Migalopa!", sagte er streng, „man erzählt, du fliegst so hoch, dass keiner dich mehr sehen kann. Wenn du so weitermachst, wird dich dies das Leben kosten."

„Aber warum darf ich denn nicht hoch fliegen?", antwortete der Sohn trotzig. „Es macht mir Spaß!"

„Jetzt macht es dir noch Spaß. Du hast noch nicht die Winde kennen gelernt, die dort oben unvermutet auftauchen können. Wilde Stürme, die es nur in den Regionen weit oben gibt, können dich in den Tod reißen."

„Mir wird schon nichts passieren, Vater. Bis jetzt habe ich noch jeden Geier besiegt, der es mit mir aufnehmen wollte."

„Winde sind etwas anderes als Geier ... Ich will dich nur warnen, mein Sohn!" Nachdenklich schwieg der Vater eine Weile, dann sprach er weiter: „Wer aus Stolz die

Elemente herausfordert, begibt sich unnötig in Gefahr. Kehre bitte um, wenn du die Erde nur noch als Viereck siehst, das ist für uns Geier Höhe genug."

Migalopa hatte keine Lust, sich die Bitte des Vaters zu Herzen zu nehmen. Wie jeden Tag, so stieg er auch heute höher und höher in den Himmel hinauf. Längst schon hatte er die Höhe, über die die anderen Geier nicht hinausflogen, weit unter sich gelassen. Die Erde konnte er schon lange nicht mehr sehen, nur die Wolken und der Himmel umgaben ihn. Plötzlich erfasste ihn der Schwarze Wind, der nur dort oben in wildem Wehen durch die Lüfte zieht. Migalopa aber ließ sich dadurch nicht beirren. Er zitterte zwar in den heftigen Windstößen und geriet etwas aus der Bahn. Doch das hielt ihn nicht davon ab, noch höher zu steigen.

Da traf ihn plötzlich einer der wildesten Winde, die es gab, Verambha genannt, genau von vorne. Auge in Auge mit ihm hielt sich Migalopa noch für einen winzigen Augenblick in der Luft. Doch Verambhas Kraft war zu stark für ihn. Migalopa stemmte sich zwar dagegen – doch umsonst. Er brach in tausend Teile auseinander und diese wurden von den Winden in alle Richtungen verstreut.

Als Migalopa von seinem Flug nicht zurückkam, schwiegen die Geier. Seine Familie, seine Geschwister, die Eltern und Freunde trauerten um ihn. Aus Stolz hatte er das Schicksal herausgefordert und verloren.

Vom Fischer, der andere täuschen wollte

Vor vielen hundert Jahren wurde der Buddha in der Nähe eines Fischerdorfes als Baumgeist geboren. Er hatte es sich zur Gewohnheit gemacht, das Tun und Treiben der Menschen zu beobachten.

Einmal ging ein Fischer zusammen mit seinem Sohn zum Fluss, um zu angeln. Er warf den Haken, so weit er konnte, auf das strömende Wasser hinaus. Der Haken verfing sich aber in einem großen, morschen Baumstumpf, der sich voll und ganz mit Wasser vollgesogen hatte und deshalb an der Wasseroberfläche nicht mehr zu sehen war. Der Fischer glaubte, dass er einen ganz besonders schweren Fisch an der Leine habe. Er schickte deshalb seinen Sohn zurück ins Dorf: „Sag deiner Mutter, dass ich einen Riesenfisch an der Angel habe. Den will ich alleine rausziehen und dann gleich in die Stadt gehen und ihn verkaufen. Die anderen sollen aber davon nichts erfahren, sonst wollen sie noch einen Anteil haben."

Der Junge nickte.

„Sag deiner Mutter", sprach der Vater weiter, „sie soll im Dorf einen Streit vom Zaun brechen, so dass alle darin verwickelt sind. Dann werde ich genügend Zeit haben, meinen Fisch zu verkaufen, bevor die anderen kommen."

Der Junge rannte zurück in sein Dorf.

Der Fischer, der fürchtete, dass der Fisch sich losreißen könnte, nahm sein scharfes Messer zwischen die Zähne und stürzte sich in die Fluten. So schnell er konnte, schwamm er zu dem großen Fisch, den er an der Angel hatte. Er war schon ganz nahe an ihn herangekommen und wollte ihn gerade packen. Da schwappte eine Welle hoch und der Fischer sah, dass der fette Fisch nur ein dicker Baumstumpf war. Doch er drehte zu spät den Kopf weg, zwei knorrige Aststümpfe trafen direkt in seine Augen, so dass er blind wurde.

Am Ufer machte sich derweil ein Dieb an den Kleidern des Fischers zu schaffen und nahm ihm alle weg.

Der Fischer hatte schreckliche Schmerzen. Er presste die eine Hand vor seine leeren Augen, schwamm zurück ans Ufer und suchte mit den Händen am Boden tastend nach seiner Kleidung, aber er konnte sie nicht finden.

Zur gleichen Zeit hatte die Frau des Fischers ihre Nachbarn in einen heftigen Streit verwickelt, in den bald das ganze Dorf hineingezogen wurde. Sie hatte sich näm-

lich ein Palmblatt hinters Ohr geklemmt und sich die eine Gesichtshälfte mit dem Ruß vom Kochtopf eingerieben. In dieser Aufmachung rannte sie zu ihrer Nachbarin. Zudem hatte sie noch einen kleinen Hund an ihre Brust gelegt, den sie säugte.

„Oje, du bist wohl verrückt geworden!", rief ihre Nachbarin, als sie sie kommen sah.

„Das ist eine Beleidigung!", fauchte die Fischersfrau zurück. „Ich bin überhaupt nicht verrückt. Das ist eine gemeine und bösartige Unterstellung! Nimm sie sofort zurück!"

Durch die Lautstärke des Streits wurde das ganze Dorf zusammengerufen. Bald standen alle um die beiden Frauen herum. Als die beiden dann auch noch prügelnd aufeinander eindroschen, griffen die Zuschauer ein. Sie beschuldigten die Fischersfrau sich unmöglich aufzuführen. Man

band ihr die Hände zusammen,
damit sie aufhörte die Nachbarin
zu schlagen, und sie musste eine
Geldstrafe zahlen.

Als der Baumgeist sah, welch dop-
peltes Unglück die Familie befallen
hatte, rief er laut:

"Armer Fischer, hättest du nur nicht
den Fisch für dich alleine haben wollen!
Jetzt bist du blind und deine Frau ist als
Verrückte verschrien."

Wie ein Pferd
sieben Könige besiegte

Vor langer, langer Zeit herrschte in Benares ein König mit Namen Brahmadatta. In seinem Königreich waren die Menschen glücklich und lebten zufrieden miteinander, denn Brahmadatta war ein guter König, der sich um das Wohlergehen seiner Untertanen kümmerte.

Eines Tages kam in einem der königlichen Pferdeställe der Buddha als ein wunderschönes Pferd zur Welt. Es war so schön, dass alle Palastdamen und Palastherren zum Pferdestall eilten, um es sich mit eigenen Augen anzusehen. Sie konnten nur staunen vor so viel Schönheit: Das Pferd hatte ein schneeweißes Fell, edle gerade Ohren, schlanke Fesseln, einen herrlich geschwungenen Rücken und einen kraftvollen Hals. Seine fuchsrote Mähne bildete einen seltsamen Kontrast zum Schneeweiß seines Fells. Es blähte seine samtigen Nüstern vor Freude, wenn es auf den königlichen Weiden herumspringen durfte. Es strotzte nur so vor Kraft und Tatendrang. Der König machte das edle Tier zu seinem persönlichen Streitross, da es schöner und stärker war als jedes seiner Hengste und Stuten.

Das Futter wurde
dem edlen Tier auf
einem goldenen Tablett
serviert. Der Boden seines
Stalls war mit duftenden
Blumen ausgelegt. Um den Stall herum
waren karmesinrote Vorhänge aufgehängt, die aus dem
allerfeinsten Material gewebt worden waren, nämlich aus
feinen Gold- und Silberfäden. Die Decke seines Stalls war
mit einem Baldachin geschmückt, auf den goldene Sterne

gestickt waren. Die Wände waren mit Blumenkränzen umwunden und eine Lampe mit duftenden Ölen brannte Tag und Nacht.

Die Könige aus den umliegenden Ländern waren neidisch auf das Glück und den Reichtum ihres Nachbarn und wollten das Reich Brahmadattas erobern. Sieben der Nachbarkönige schlossen sich zusammen und umzingelten das Reich des Königs Brahmadatta. Sie sandten einen Boten, der dem König folgende Nachricht überbringen sollte: „Entweder du gibst uns dein Königreich freiwillig oder wir nehmen es uns gewaltsam!"

Als der König das hörte, erschrak er sehr. Er ließ alle seine Minister zusammenrufen und sie berieten, was sie nun tun sollten. Nach einer langen Diskussion, in der alle Möglichkeiten vorwärts und rückwärts bedacht wurden, fällten sie eine Entscheidung. Freiwillig wollten sie ihr Reich auf keinen Fall hergeben. Aber der König sollte auch nicht persönlich gegen die Feinde kämpfen. Ein Ritter sollte als König Brahmadatta verkleidet ins Feld ziehen. Siegte er, dann gut. Siegte er nicht, dann wollten sie von neuem beraten.

Ein edler Ritter wurde ausgewählt und vor den König gerufen. „Kannst du an meiner statt gegen die sieben Könige kämpfen, mein edler Ritter?", fragte der König. – Damals war es noch üblich, dass man mit einem Kampf von König zu König eine ganze Schlacht entscheiden konnte. Wer gewann, dem fiel das Reich des Verlierers zu.

„Ja, mein König, das will ich gern tun", antwortete der Ritter. „Ich habe nur eine Bedingung: Gebt mir Euer edles Streitross. Mit ihm kann ich nicht nur die sieben Könige besiegen, sondern alle Könige in der ganzen Welt."

Der König antwortete: „Mein lieber Ritter! Du kannst mein edles Streitross haben und alle Pferde aus meinen Ställen, die du wünschst. Zieh in den Kampf und gewinne!"

„Das will ich tun, mein Herrscher!", antwortete der Ritter. Er zog sich die königlichen Kleider an, holte seinen Bogen und sein Schwert und ging zum Pferdestall.

Er führte das edle Streitross heraus und ließ ihm einen Kettenpanzer umlegen. Dann zog er selbst eine Rüstung an und gürtete sein Schwert. Er stieg auf das edle Streitross und trabte aus dem königlichen Garten. Dann gab er dem Ross die Sporen und galoppierte auf das erste feindliche Lager zu.

Wie ein Blitz durchbrach er die Reihen der feindlichen Krieger, nahm den König lebend gefangen und brachte ihn zu den Soldaten seines Königs, die ihn ins Gefängnis warfen.

Er kehrte zum Schlachtfeld zurück, brach in das zweite Lager ein und nahm auch dort den König gefangen. Genauso geschah es mit dem dritten, dem vierten und fünften König.

Auch ins sechste Lager brach der Ritter mit dem edlen Streitross mühelos ein. Er hatte den sechsten König schon gefangen genommen, als sein Pferd von mehreren Wurfspeeren getroffen wurde. Es blutete schrecklich aus seinen Wunden und hatte furchtbare Schmerzen. Dennoch gelang es ihm, den Ritter mit dem gefangenen sechsten König bis in den Garten seines Königs zu tragen. Dort brach es bewusstlos zusammen.

Der Ritter nahm ihm schnell den Sattel und den Kettenpanzer ab. Die Ärzte des Königs eilten herbei. Sie säuberten die Wunden des edlen Tieres und verbanden sie. Langsam kam das Pferd wieder zu sich und öffnete die Augen. Als es sah, dass der Ritter ein anderes Pferd sattelte und ihm den Kettenpanzer umlegte, dachte es: „Dem Ritter wird es mit einem anderen Pferd niemals gelingen, ins siebte Lager einzudringen und den König gefangen zu nehmen. Er wird getötet werden. Das darf ich nicht zulassen!"

Deshalb sagte er zum Ritter: „Edler Ritter, ohne mich werdet Ihr es nie schaffen! Ich will Euch nicht im Stich lassen. Nur wenn wir den siebten König lebend gefangen nehmen, kann es Frieden geben. Diese Aufgabe will ich erfüllen."

Der Ritter sah das edle Tier traurig an und sagte: „Es ist mir klar, dass ich ohne dich so gut wie keine Chance habe. Kein Pferd ist so klug, so schnell und so stark wie du. Ich will es aber dennoch versuchen. Vielleicht hilft mir beim siebten König ja das Glück!"

„Auf das Glück würde ich in diesem Fall nicht bauen", antwortete das edle Streitross. „Glaubt mir, kein Pferd ist mir ebenbürtig. Die Krieger des siebten Königs würden Euch schon am Eingang des Lagers aufhalten, Ihr würdet nicht mal bis zum König vordringen."

„Vielleicht hast du Recht, edles Tier! Aber was soll ich tun?", fragte der Ritter und betrachtete das verletzte Streitross betrübt.

„Sattelt mich!", sagte das Pferd.

„Aber du bist schwer verletzt, das geht nicht!", antwortete der Ritter.

„Ich werde es schon schaffen. So schnell gebe ich nicht auf. Wenn ich wieder auf den Beinen bin, habe ich den Schmerz schnell vergessen."

Die Entschlossenheit, mit der das edle Pferd gesprochen hatte, machte dem Ritter wieder Mut.

„Gut, ich will dir auf die Beine helfen. Ohne dich komme ich nicht einmal ins feindliche Lager hinein, das stimmt. Ob ich mit dir sterbe oder mit einem anderen Pferd, das macht auch keinen Unterschied. Mit dir habe ich wenigstens eine Chance."

Er half dem Pferd auf die Beine, legte ihm den Kettenpanzer um, schnallte den Sattel fest und stieg aufs Pferd.

Das Streitross galoppierte los, durchbrach das siebte Lager. Der Ritter nahm den siebten König gefangen und sie kehrten in den Garten des Königs Brahmadatta zurück. Schnell eilten die Soldaten herbei, um den siebten König ins Palastgefängnis abzuführen. Diener des Königs nahmen dem edlen Streitross den Sattel und das Kettenhemd ab. Sie brachten kostbare Decken, damit sich das edle Tier darauf legen konnte.

Der König eilte herbei, um nach seinem Lieblingspferd zu sehen. Als das Pferd den König sah, sprach es: „Großer König, ich bitte Euch: Lasst die sieben Könige am Leben. Sie sollen einen Eid schwören, dass sie für immer Frieden halten wollen, und dann lasst sie gehen. Lasst dem Ritter, der für Euch in den Kampf gezogen ist, sämtliche Ehren,

die ihm gebühren, zuteil werden. Denn er hat mutig die sieben Könige gefangen genommen. Ihr selbst, großer König, seid freigebig und regiert Euer Königreich gut und gerecht!"

Nach diesen Worten starb das Pferd.

Alle beweinten den Tod des edlen Streitrosses, das den Krieg verhindert hatte. Der König ließ den Körper des Pferdes ehrenvoll bestatten. Er erwies dem Ritter, der für ihn in die Schlacht gezogen war, die größten Ehren und beschenkte ihn reich. Die sieben Könige ließ er nach Hause ziehen, nachdem jeder von ihnen einen heiligen Eid geschworen hatte, niemals wieder gegen ihn in den Krieg zu ziehen.

Und König Brahmadatta regierte noch lange gut und gerecht, bis er starb.

nahme sein. Wenn er ihn genug pflegen würde, dann würde der ihn sicher nicht zerstören.

„Wie du meinst!", antwortete die Gans. „Mir gefällt das nicht. Wenn der Baum weiter auf dir wächst, will ich auch nicht mehr hierher kommen. Ich fühle mich nicht wohl in seiner Nähe. Leb wohl!"

Nach diesen Worten breitete die Gans ihre Schwingen aus und flog davon.

Schnell wuchs der Banyan-Baum und wurde immer größer. Bald stellte sich heraus, dass auch dieser Baum einen Schutzgeist hatte, der in ihm wohnte. Aber er war nicht scheu und freundlich wie der des Judasbaumes, sondern zornig und böse.

Als der Banyan-Baum fast so groß war wie der Judasbaum, brach der Ast, auf dem er wuchs, und riss auch den Wohnsitz des Judasbaumgeistes herunter.

Da erinnerte sich der Baumgeist plötzlich wieder an die Worte der Gans und voller Wehmut dachte er zurück: „Die Gans hat diese Gefahr kommen sehen und mich gewarnt. Warum habe ich nur nicht auf sie gehört?" Der Geist des Judasbaumes weinte. „Jetzt hat mich der Banyan-Baum mit seinem zornigen Schutzgeist so in die Enge getrieben, dass ich mich voller Angst in den letzten Rest, der mir von meinem Baum geblieben ist, zurückziehe! Hätte ich nur früher gehandelt, als ich noch stark war!"

Das Weinen störte den Banyan-Baum nicht. Er wuchs und wuchs und wuchs und bald war von dem Judasbaum nur noch ein Stumpf übrig. Der Geist des Judasbaumes war fast ganz verschwunden. Nach und nach hatte der Schmerz ihn aufgezehrt.

In seinen Gedanken war er noch oft bei der Gans, die ganz genau gewusst hatte, dass man sich vor solchen Wesen in Acht nehmen sollte.

Bis zu seinem Tod sagte der Baumgeist ein kleines Gedicht vor sich her, erst laut, dann leiser, bis er schließlich ganz verstummte:

„Meide die, die dich bedrängen,
die dich würgen und sich an dich hängen,
weich ihnen aus schnell und geschwind,
pass gut auf dich auf, liebes Kind!"

Warum der Wasserriese leer ausging

Vor vielen, vielen Jahren lebte in einem See, der versteckt in einem dichten Wald lag, ein Wasserriese. Dieser verschlang alle, die in das Wasser des Sees stiegen.

Keiner konnte ihm entkommen.

Zu dieser Zeit lebte der Buddha als König der Affen in dem Wald, der den See umgab. Als König sorgte er dafür, dass es den Affen gut ging. Deshalb ermahnte er sie: „Meine Freunde! In diesem Wald gibt es vergiftete Bäume, von denen ihr auf keinen Fall essen dürft. Es gibt auch Seen, in denen Wasserriesen wohnen, die jeden verschlingen, der ans Wasser geht. Deshalb fragt mich jedes Mal, bevor ihr Früchte von einem Baum essen wollt, den ihr noch nicht kennt. Und wenn ihr Durst habt und aus einem See trinken wollt, den ihr nicht kennt, fragt mich auch!"

Eines Tages kam der König der Affen mit seinem Gefolge zu einer Stelle im Wald, die bis jetzt noch keiner von ihnen betreten hatte. Da sie sich den ganzen Tag durch die Bäume gehangelt hatten, waren sie müde und hatten großen Durst.

Schließlich stießen die Affen auf den See, in dem der Wasserriese seine Wohnung hatte.

Die Affen standen am Ufer, doch keiner nahm einen Schluck Wasser aus dem See. Als der König herantrat, fragte er sie: „Warum trinkt ihr nicht?"

Sie antworteten: „Euer Majestät, wir warten auf Euch!"

„Sehr gut!", lobte der König seine Untertanen. Er umrundete den See und untersuchte genau die Fußabdrücke am Boden. Alle führten ins Wasser hinein, doch keiner wieder heraus. „Sicher lebt hier ein Wasserriese", dachte er und laut sagte er zu den Affen: „Ihr tatet gut daran nicht aus dem See zu trinken. In diesem See lebt nämlich ein Wasserriese!"

Als der Wasserriese, der im See schon gierig auf die bevorstehende Mahlzeit wartete – Affen aß er besonders gern –, merkte, dass keiner von ihnen ins Wasser kam, wurde er wütend. Er nahm die Gestalt eines riesigen, Furcht erregenden Monsters an, mit einem blauen Bauch, einem weißen Gesicht und hellroten Händen und Füßen. In dieser Gestalt kam er aus dem Wasser herausgestapft und sagte: „Warum habt ihr euch hier niedergelassen? Kommt runter zum See und erfrischt euch. Das Wasser ist klar und gut. Es wird euch schmecken!"

Der König der Affen erwiderte: „Bist du nicht der Wasserriese, der in diesem See wohnt?"

„Ja, der bin ich!", antwortete der Wasserriese und zeigte seine giftgrünen Zähne. „An meinem See kommt keiner

vorbei, ohne dass ich ihn verschlinge!", rief er und fletschte seine grünen spitzen Zähne. „Ich werde euch alle auffressen."

Der König der Affen blieb ganz gelassen: „Wir werden uns von dir aber nicht auffressen lassen!"

„Trinkt erst mal ein bisschen Wasser, ihr seht alle so durstig aus!", sagte der Wasserriese. Mit einladender Geste forderte er sie auf an den See zu treten.

„Gerne wollen wir dein Wasser trinken", antwortete der König der Affen. „Aber wir werden trotzdem nicht in deine Gewalt kommen."

„Das werden wir ja sehen", sagte der Wasserriese und grinste höhnisch.

„Ja, das werden wir sehen", entgegnete gelassen der König der Affen. Er ging zum Bambus, der im Wind wogend am Ufer wuchs, und brach ein Rohr ab. Er führte das Rohr zum Mund und blies, so dass der Bambus ein hohles Rohr wurde. Nach und nach stellte er auf diese Art und Weise viele große Trinkhalme her.

Der Wasserriese sah neugierig zu. Er konnte sich keinen Reim darauf machen. Was wollte der Affenkönig mit diesen Bambusstängeln?

Der König verteilte die durchgepusteten Rohre unter den Affen. „Kommt alle zum Ufer, wir wollen jetzt Wasser trinken."

Mit hohlen Bambusrohren in den Händen setzten sich die Affen ans Ufer. Als Erster steckte der König das Rohr in den See und nahm tiefe Schlucke des köstlichen Nasses.

Die anderen Affen taten es ihm nach. Da keiner das Wasser berührte, konnte der Wasserriese ihnen nichts anhaben.

Schäumend vor Wut zog er sich in seinen See zurück.

Als der König und die anderen Affen ihren Durst gestillt hatten, verschwanden sie wieder im grünen Dickicht des Waldes.

Der Elefant, der vor Angst wie Espenlaub zitterte

Am Fuß der mächtigen Himalayaberge, dort wo die Hügel noch sanft geschwungen sind und grüne Wälder sie bedecken, wurde der Buddha einmal als Baumgeist geboren.

Weit davon entfernt wurde an einem Königshof in Indien der Elefant des Königs dazu abgerichtet, vollkommen reglos zu stehen.

Die königlichen Elefantentreiber hatten sich eine grausame Methode ausgedacht, wie sie den Elefanten dazu bringen konnten: Sie banden den Elefanten an einem Pfosten so fest, dass er sich nicht mehr bewegen konnte. Mit Schlagstöcken, an denen spitze Stacheln befestigt waren, wurde er jedes Mal geschlagen, wenn er sich auch nur ein winzig kleines bisschen rührte. Schon ein feines Zittern in den Flanken des Elefanten genügte und die Elefantentreiber schlugen ihn.

Den Schmerz, den er dabei fühlte, konnte der Elefant nicht länger ertragen. Aber genauso unmöglich war es für

ihn, vollkommen still zu stehen. Deshalb nahm er alle seine Kraft zusammen, riss sich von dem Pfahl los, trompetete laut wie zwanzig Elefanten auf einmal und trat wild um sich. Die Elefantentreiber flohen vor ihm in panischer Angst.

Der Elefant wandte sich in Richtung der Himalayaberge und trottete schnell davon. Die Menschen verfolgten ihn zwar, verloren aber seine Spuren im dichten Urwald. Alles Suchen und Rufen half nichts, sie konnten ihn nicht aufspüren.

Der Elefant lebte allein in den Bergen und litt unter ständiger Todesangst. Wenn sich auch nur irgendwo ein Blättchen im Wind regte, sah er schon die Elefantentreiber vor sich und sein Herz begann wie wild zu schlagen. In solchen Augenblicken rannte er, so schnell er konnte, die Hügel hinauf und blieb erst stehen, wenn er sich kaum noch auf den Beinen halten konnte.

Die Angst steckte ihm tief in den Knochen und jede Nacht träumte er davon, an dem Pfosten festgebunden zu sein und geschlagen zu werden. Alle Fröhlichkeit war von ihm gewichen und mit gehetztem Blick lief er durch den Dschungel. Nervös wanderte er umher, nie ruhte er sich aus, denn er hatte ständig das Gefühl sich verstecken zu müssen.

Der Baumgeist, der ihn schon längere Zeit beobachtet hatte, stellte sich auf eine Baumgabel und rief dem Elefanten zu:

„He, du, Elefant! Hör mir zu!"

Wie von einer Tarantel gestochen rannte der Elefant los, voller Angst, dass die Elefantentreiber ihn aufgespürt hätten.

„Bleib doch stehen!", rief der Baumgeist freundlich. „Ich will dir nichts tun! Ich will nur mit dir über deine Angst sprechen!"

Der Elefant rannte langsamer. Die Stimme, die ihn rief, klang freundlich. Schließlich blieb er stehen und drehte sich um.

„Hier bin ich!", rief der Baumgeist, „hier auf dem Baum!"

Der Elefant zwinkerte mit den Augen, denn die Sonne blendete ihn. Aufmerksam suchte er die Bäume ab, um herauszufinden, woher die Stimme gekommen war. Endlich entdeckte er den Baumgeist, der auf einer Astgabel stand und ihm winkte.

„Ein Baumgeist ruft mich?", wunderte sich der Elefant. „Der wird mir wohl nichts tun können!" Erleichtert trottete er zu dem Baum, auf dem der Baumgeist auf ihn wartete.

„Willst du ständig in Angst und Schrecken leben? Willst du zusammenzucken, nur wenn der Wind durch die dürren Zweige streicht? Wenn das so bleibt, dann wirst du bald völlig fertig sein!"

Der Elefant stellte seine riesigen Ohren auf. Der Baumgeist hatte Recht. Beim kleinsten Geräusch zuckte er zusammen und rannte weg. Dass ihm das jemand sagte, traf ihn mitten ins Herz, denn es war die Wahrheit.

„Aber was soll ich denn tun?", jammerte der Elefant und senkte traurig den Kopf.

„Du musst einsehen, dass die Zeit, in der du an einem Pfahl festgebunden warst und mit einem Stock geschlagen wurdest, vorbei ist!", ermahnte ihn der Baumgeist.

„Du meinst, das hilft?", unsicher sah der Elefant den Baumgeist an.

„Natürlich! Du brauchst nicht mehr zu tun, als zu verstehen, dass die Vergangenheit aus und vorbei ist. Schau dich doch einfach mal um: Siehst du hier einen Pfahl, einen Stock oder einen Elefantentreiber?"

Der Elefant sah sich um und konnte nur herrlich grüne Bäume sehen, in denen sich Papageien niedergelassen hatten, und duftende Blumen, die zwischen saftigen Grashalmen blühten. Weit und breit waren keine Elefantentreiber zu sehen.

„Und was siehst du?"

„Wunderschöne Bäume und Blumen und bunte Papageien und vor mir in der Astgabel einen Baumgeist," antwortete der Elefant wahrheitsgemäß.

„Will dich hier jemand schlagen?" Der Baumgeist richtete sich groß auf.

„Nein. Da ist niemand, der mich schlagen will!" Erleichtert sank der Elefant ins Gras und machte es sich gemütlich. Seine Anspannung wich nach und nach von ihm.

„Da ist nicht mal jemand, der dich schlagen könnte!" Der Baumgeist tauchte plötzlich in einer anderen Astgabel auf. „Denn du bist groß und stark und die anderen Tiere gehen dir eher aus dem Weg. Die Menschen können dich nicht fangen, du bist viel schneller als sie!"

Es war, als ob der Elefant aus einem Schockzustand aufwachte, der ihn an die Vergangenheit gekettet hatte.

Von da an hatte er keine Angst mehr. Glücklich trottete er zurück in den dichten Dschungel und lebte dort froh und zufrieden.

Die Antilope in der Falle

In einem dichten Wald, der von verschlungenen Pfaden durchzogen war, wurde der Buddha einmal als Antilope geboren. Sie war ein wunderschönes Tier, das behände über die Wurzeln sprang und niemandem etwas zuleide tat. Mitten im Wald lag ein kleiner, kreisrunder, klarer See, in dem eine große Wasserschildkröte lebte. In der Nähe des Sees hatte sich ein Specht in einem hohen Baum ein Loch gehackt und darin seine Wohnung genommen. Die drei waren dicke Freunde und trafen sich jeden Tag.

Eines Tages durchstreifte ein Jäger den Wald. Als er an den See kam, entdeckte er die Hufspuren der Antilope, die dort ihre Wasserstelle hatte. Er stellte eine Falle auf, die aus Leder und Eisen gefertigt war. Wenn die Antilope am Abend zur Wasserstelle käme, würde sie sicher dort hineintreten. In der Erwartung sicherer Beute zog der Jäger fröhlich weiter.

Als die Antilope an den See kam, um etwas zu trinken, schnappte die Falle mit einem hässlichen Laut zu. Ein irrer Schmerz durchfuhr die Antilope und sie schrie laut und lang vor Schmerzen. Das hörten der Specht und die Schildkröte und sie eilten herbei, um zu sehen, was passiert war.

Als sie sahen, dass die Antilope in einer Falle feststeckte, sagte der Specht zur Schildkröte: „Du hast doch Zähne. Versuch das Leder durchzubeißen; ich will den Jäger suchen und ihn ablenken, damit er nicht so schnell zurückkommt. Vielleicht schaffen wir es ja zusammen, die Antilope zu befreien."

Die Schildkröte fand den Vorschlag gut und machte sich gleich daran, das Leder durchzubeißen. In der Abenddämmerung kam der Jäger zurück. In der Vorfreude auf eine Beute hielt er schon ein scharfes Messer in der Hand.

Der Specht sah ihn kommen, stieß einen Schrei aus und flog ihm mitten ins Gesicht.

Erschrocken blieb der Jäger stehen. „Ein Vogel, der einem ins Gesicht fliegt, ist sicherlich ein schlechtes Vorzeichen", ging es ihm durch den Kopf. Er setzte sich hin und dachte nach. „Vielleicht sollte ich einen anderen Weg zum See nehmen", überlegte er. Er stand auf und ging den Weg, den er gekommen war, ein Stück zurück. Der Specht, der ihn beobachtete, breitete von neuem seine Flügel aus, kreischte markerschütternd und flog dem Jäger wieder ins Gesicht. Kreidebleich blieb der Jäger stehen. Dieser Vogel will nicht, dass ich vorwärts gehe, dachte er nervös. Er beschloss für heute keinen Schritt mehr weiterzugehen, machte sich im Wald unter den Bäumen ein Lager und fiel in einen unruhigen Schlaf.

Als er am nächsten Morgen aufwachte, war er wild entschlossen sich dieses Mal nicht von seinem Vorhaben abbringen zu lassen. Er nahm sein Messer fest in die Hand und stapfte los. Der Specht flog, so schnell er konnte, zum See. „Er kommt, der Jäger kommt! Er hat auch schon sein Messer in der Hand!"

Die Schildkröte hatte die ganze Nacht hindurch auf dem Leder rumgekaut und schon fast alle Riemen zerbissen. Nur einer war noch übrig. Ihre Zähne fühlten sich an, als ob sie jeden Moment herausfallen wollten, und ihr Mund war schon ganz blutig. Die Antilope sah den Jäger zwischen den Bäumen auftauchen. Sie zerrte mit aller Kraft an dem letzten Lederriemen; der gab nach und riss auseinander. Schnell floh sie ins dichte Gestrüpp des Waldes.

Der Specht ließ sich auf einem Baum nieder, um zu beobachten, was weiter geschehen würde. Die Schildkröte aber war nach der nächtlichen Anstrengung so geschwächt, dass sie keine Kraft mehr zum Fliehen hatte. Der Jäger trat zu ihr hin, schnappte sie sich und warf sie in seinen Sack, den er bei sich trug. Das war zwar nicht die Beute, die er erhofft hatte, aber besser als nichts war es schon.

Im Dickicht versteckt hatte die Antilope alles mit angesehen. Sie beschloss das Leben ihrer Freundin zu retten. Sie bewegte sich ein bisschen im Gestrüpp, so dass der Jäger das Rascheln der Blätter hören musste, und tauchte dann aus ihrem Versteck auf. Sie tat so, als ob sie verletzt sei und nicht schnell laufen könne. Der Jäger dachte, dass die Antilope nun eine leichte Beute sei, setzte seinen Sack ab und rannte ihr hinterher.

Die Antilope humpelte immer weiter in den dichten Wald und der Jäger jagte ihr hinterher. Da er sich nicht so schnell durch das Dickicht arbeiten konnte, hatte sie einen guten Vorsprung. Als die Antilope sah, dass sie sich weit genug von ihm entfernt hatte, hörte sie auf zu humpeln und rannte auf anderem Wege zu dem Sack zurück. Sie hob ihn vorsichtig mit den Hörnern auf und trabte zum See. Sacht setzte sie den Sack ab und öffnete ihn mit der

Schnauze. Die Schildkröte rutschte aus dem Sack heraus, fiel in den See und verschwand. Sie war untergetaucht und damit in Sicherheit.

Der Specht, der alles mit angesehen hatte, flog fort und die Antilope sprang davon in das dichte Grün des Waldes. Als der Jäger zu seinem Sack zurückkam, fand er ihn leer.

Enttäuscht nahm er ihn unter den Arm und ging ohne Beute wieder nach Hause.

Der Specht, die Schildkröte und die Antilope aber lebten wieder glücklich und zufrieden an ihrem See und waren sich bis zu ihrem Tod in Freundschaft zugetan.

Wie der Hase
in den Mond kam

Als der Buddha lange vor seiner Erleuchtung einmal als Hase geboren worden war, lebte er zusammen mit seinen Freunden – einem Affen, einem Schakal und einem Otter – glücklich und zufrieden in einem Waldstück, das auf der einen Seite durch einen hohen Berg begrenzt wurde und auf der anderen Seite durch einen Fluss. In der Nähe gab es auch eine Stadt, in der Menschen lebten.

Jeder der vier Freunde hatte sein eigenes Jagdrevier. Tagsüber suchten sie sich etwas zu fressen und abends kamen sie wieder zusammen, um sich zu erzählen, was sie erlebt hatten. Manchmal erklärte ihnen auch der Hase, der der Klügste von ihnen war, welches Verhalten gut war und welches weniger gut. Wie man sich selbst und die anderen glücklich machen kann, wie wichtig Freigebigkeit und Geduld sind, und an welchen heiligen Tagen sie besonders freigebig sein sollten.

Als sie eines Abends wieder einmal zusammensaßen, da betrachtete der Hase den Mond, der gerade aufgegangen

war und fast kreisrund am Himmel stand. Der Hase sagte:
„Schaut mal dahin! Der Mond ist fast voll und er scheint
ein lächelndes Gesicht zu haben und das bedeutet, dass
morgen ein heiliger Tag ist. Der fünfzehnte Tag des
Monats."

Die drei Freunde schauten den Hasen neugierig an.
„Was bedeutet das für uns?", fragte der Otter.

Der Hase antwortete:
„Das heißt, dass wir uns
morgen bemühen
sollten besonders

freigebig zu sein. Wenn ein Bettler oder sonst ein hungriges Wesen vorbeikommt, sollten wir sie wie hochrangige Gäste behandeln und ihnen von unserem Tisch zu essen geben."

Die drei versprachen es zu tun und jeder zog sich zurück an seinen Schlafplatz.

Oben im Himmel hatten die Götter die vier Freunde beobachtet und zugehört, was der Hase ihnen erklärt hatte. Die Göttinnen und Götter freuten sich sehr über den guten Lebenswandel der Tiere und waren gespannt, wie die vier ihr Vorhaben lösen würden. Schakra, der oberste der Götter, beschloss sie auf die Probe zu stellen.

Doch davon wussten die vier Freunde natürlich nichts. Selig schlummerten sie in ihren Verstecken. Sie merkten auch nicht, dass der Himmel aufklarte wie selten und Millionen Sterne am Himmel zu sehen waren.

Als am nächsten Tag die Sonne aufging und die ganze Welt in ein Netz von schimmerndem Licht hüllte, erwachten die vier Freunde. Der Otter machte sich auf, um am Fluss-ufer Beute zu finden. Es ergab sich, dass einige Zeit vorher ein Fischer gerade sieben Fische gefangen hatte, die er in ein Tuch gewickelt am Ufer im Sand vergraben hatte. Inzwischen war er weit weg den Fluss entlanggesegelt und hatte die sieben Fische längst vergessen. Der Otter kam des Weges, witterte die vergrabenen Fische und fand auch gleich die richtige Stelle. Er grub sie aus und rief dreimal, so laut er konnte: „Gehören jemandem diese Fische hier?" Als kein Besitzer auftauchte, nahm der Otter das Tuch mit den sieben Fischen zwischen seine Zähne und machte sich auf in den Dschungel zu seiner Schlafstelle. Sobald die Zeit zum Essen gekommen war, wollte er die Fische ver-speisen. Er legte sich hin und dachte darüber nach, wie gut er sich doch benommen hatte.

Der Schakal war auch schon längst aufgestanden und durchstreifte den Dschungel auf der Suche nach etwas Essbarem. In der Hütte eines Aufsehers fand er zwei Fleischspieße, eine tote Eidechse und einen Krug mit Jogurt. Der Schakal sah sich um und rief dreimal, so laut er konnte: „Wem gehören diese Sachen hier?" Als sich niemand meldete, nahm er ein Seil, das er durch den Henkel des Kruges zog und dann verknotete. Jetzt konnte er sich den Jogurtkrug um den Hals hängen. Mit dem Maul packte er die Spieße und die Eidechse und brachte alles zu seiner Höhle. Dort legte er sich hin und freute sich darüber, wie gut er doch alles getan hatte.

Auch der Affe war schon lange auf den Beinen. Er schwang sich von Liane zu Liane und hatte bald die schönsten Mangofrüchte entdeckt, die man sich vorstellen konnte. Er pflückte sie und brachte sie in sein Baumversteck hoch oben in den Palmen des Dschungels. Dann legte er sich auf einen breiten Ast, der im Wind auf und ab schaukelte, und dachte darüber nach, wie gut er sich doch verhalten hatte.

Der Hase war mittlerweile auch schon über das Gras gehoppelt und hatte welches gerupft und in sein Versteck gebracht. Aber er war ziemlich traurig, denn ihm war klar, dass er einem Gast ja kein trockenes Gras anbieten könnte. Er hatte aber auch keinen Reis oder Früchte oder Gemüse; er hatte nichts, was er anbieten könnte. Schließlich kam ihm der rettende Gedanke: Er konnte ja sich selbst, sein eigenes Fleisch anbieten. Dieser Gedanke machte ihn sehr froh.

Inzwischen war Schakra, der oberste der Götter, auf der Erde angekommen. Er hatte sich als Bettler verkleidet und tat so, als ob er sehr hungrig und durstig sei.

„Hilfe, Hilfe, ich habe Hunger!", rief er in den dichten Dschungel hinein. „Ich habe seit Tagen nichts gegessen!" Der Bettler taumelte und setzte sich auf den Boden.

Der Otter, der den Hilferuf gehört hatte, schreckte auf. Jemand brauchte seine Hilfe! Und er stürzte aus seinem Versteck, um den Armen zu suchen. Es dauerte nicht lange und er hatte ihn gefunden. Der Bettler sah den Otter und stammelte: „Ich habe Hunger."

„Kein Problem!", antwortete der Otter. Er flitzte davon und kam mit den sieben Fischen zurück, die immer noch in dem Tuch eingewickelt waren. „Nimm diese

Fische! Du kannst sie braten. Trockenes Holz findest du hier überall." Mit diesen Worten verschwand er wieder im Gebüsch.

Schakra, der oberste der Götter, war zufrieden. Der Otter hatte tatsächlich getan, was der Hase ihm empfohlen hatte. Er machte sich weiter auf den Weg und kam in die Nähe der Höhle des Schakals.

Wieder stimmte er sein Jammern an: „Hilfe! So hilf mir doch jemand! Ich bin hungrig! Ich kann nicht mehr weiter!"

Dem Schakal drangen die Klagelaute des Bettlers ans Ohr. Er erhob sich und suchte den armen Hungernden.

„Etwas zu essen kann ich dir geben!", sagte er, als er den Bettler gefunden hatte. „Warte einen Augenblick, ich bin gleich wieder da", versprach er und verschwand im Dickicht. Wenige Minuten vergingen und der Schakal tauchte wieder auf. Um seinen Hals hing an einem Seil ein Krug mit Jogurt und in seinem Maul hatte er zwei Spieße mit gebratenem Fleisch und eine Eidechse. Der Schakal legte seine Beute vor den Füßen des Bettlers ab und zog sich wieder in seine Höhle zurück.

Schakra war beeindruckt. Auch der Schakal hatte sich an die Worte des Hasen gehalten.

Er machte sich wieder auf den Weg, bis er in die Nähe des Baumes kam, in dem der Affe es sich gemütlich gemacht hatte. „Ich bin so hungrig und durstig!", rief der

Bettler mit kläglicher Stimme. „Hilfe! Ich muss sterben, wenn mir niemand hilft." Der Affe, der in seinem Baum gerade ein Mittagsschläfchen hielt, wachte auf. Hatte da nicht jemand um Hilfe gerufen? Er ließ seinen Blick schweifen und entdeckte den Bettler. Flink kletterte er vom Baum herunter und fragte den Bettler: „Was fehlt dir? Kann ich dir irgendwie helfen?"

„Ich bin hungrig und durstig. Ich fühle mich so schwach und elend", antwortete der Bettler und ließ sich am Boden nieder.

„Warte einen Augenblick, ich glaube, dass ich dir helfen kann!" Mit diesen Worten schwang sich der Affe hoch in die Baumkronen, holte aus seinem Versteck die köstlich erfrischenden Mangofrüchte und legte sie dem Bettler vor die Füße. „Die kannst du alle haben, die werden dir helfen wieder zu Kräften zu kommen!", sagte der Affe und war im nächsten Moment zwischen den Blättern und Orchideen verschwunden.

Schakra, der oberste der Götter, staunte. Damit hatte er nicht gerechnet. Nicht einmal Menschen bringen es leicht fertig freigebig zu sein. Und was er hier mit den Tieren erlebte, das grenzte ja schon an ein Wunder. Schon ganz auf das Verhalten des Hasen gespannt, zog er weiter, dorthin, wo der Hase sein Versteck hatte.

Er setzte sich auf den Boden und begann zu klagen: „Hilft mir denn niemand? Ich habe Hunger!" Er weinte sogar ein paar Tränen, um sein Unglück deutlicher zu zeigen. Der Hase hörte die Klagelaute, kam aus seinem Versteck heraus und hoppelte zu dem Bettler hin. „Du armer Mensch!", sagte der Hase. „Warum weinst du denn?"

„Ich weine, weil ich Hunger habe!", versicherte der Bettler unter Schluchzern. „Da kann ich dir helfen!", antwortete der Hase. „Mach dir aus den trockenen Ästchen hier ein Feuer. Wenn es brennt, werde ich mich hineinlegen, dann kannst du mich als gerösteten Hasenbraten essen."

Schakra, der oberste der Götter, der verkleidet als Bettler vor dem Hasen stand, glaubte seinen Ohren nicht zu trauen. Das konnte doch nicht wahr sein! Ein Hase, der sich selbst opfern wollte, nur damit ein hungriger, armer Mensch etwas zu essen bekam! Deshalb fragte er noch einmal nach: „Was hast du gesagt?" Dabei verstellte er seine Stimme so, dass sie als ganz schwaches Krächzen herauskam.

Voller Mitleid mit dem schwachen Mann sagte der Hase mit sanfter Stimme: „Sammle trockenes Holz und schichte es hier auf. In kurzer Zeit wirst du einen saftigen Hasenbraten haben."

Schakra hatte also richtig gehört. Der Hase wollte sich selbst opfern. Er sammelte trockenes Holz, schichtete es auf und wartete, was geschehen würde. Der Hase schüttelte sein Fell, so dass wirklich alle Insekten, die darin saßen,

herausfielen und sprang mit einem Satz ins knisternde
Feuer.

Doch die Flammen taten ihm nichts, nicht einmal sein
Fell wurde versengt. Es kam dem Hasen so vor, als läge er
auf eiskaltem Schnee. Und er rief zu dem Bettler: „Was ist
los mit dem Feuer? Es ist eiskalt!"

Der Bettler antwortete: „Weiser Hase! Ich bin kein
Bettler. Ich bin Schakra, der oberste der Götter, ich habe
dem Feuer befohlen dir nichts zu tun. Ich kam auf die
Erde, um euch vier Freunde auf die Probe zu stellen."

Als der Hase ihn ungläubig ansah, fuhr er fort: „Oh du
edler und großmütiger Hase, möge deine gute Tat für alle
Zeit den Wesen dieser Welt bekannt sein!" Und kraft
seiner göttlichen Macht zeichnete Schakra einen Hasen in

das Mondgesicht, so dass es von der Erde aus immer gesehen werden kann.

Dann streifte er die Gestalt des Bettlers ab und kehrte zurück in seinen himmlischen Palast. Der Hase, der Otter, der Schakal und der Affe lebten weiterhin glücklich zusammen; sie taten Gutes und halfen den anderen Wesen, die in Not waren. Und wenn Vollmond war, dann betrachteten sie den Hasen im Mond und erinnerten sich an den Besuch des obersten der Götter, der in der Gestalt eines Bettlers gekommen war, um sie auf die Probe zu stellen.

Der vorwitzige Affe

In den grünen Hügeln des Himalaya, durch das der Wind zumeist herrliche Düfte von frischem Gras und duftenden Blumen wehte, kam der Buddha einmal als ein Büffel zur Welt. Er wuchs zu einem starken und großen Tier heran und liebte es, allein die Berge und Hügel, die Gipfel und Täler, die dichten Wälder und die feuchten Sümpfe zu durchstreifen.

Eines Tages kam er bei einem seiner Streifzüge an einem wunderschönen Baum vorbei. Da es ihm dort so gut gefiel, blieb der Büffel unter dem Baum stehen und betrachtete ihn lange: Sein Stamm und die Äste, die Zweige und die Farbe der Blätter waren einfach unbeschreiblich schön. Nachdem er sich daran satt gesehen hatte, merkte er, dass sein Magen knurrte, und er begann zu grasen. Bald kam ein vorwitziger, frecher Affe, der in diesem Baum lebte und sich darin versteckt hatte, angeklettert und turnte zwischen den Ästen herum.

Plötzlich ließ er sich vom Baum herunter auf den Rücken des Büffels fallen, hopste auf ihm herum und kackte auf seinen Rücken. Dann nahm er Anlauf, fasste das eine Horn des Büffels, ließ sich vom Schwung um das Horn mittragen und machte einen Salto rückwärts. In hohem Bogen flog er über den Rücken des Büffels nach hinten. Dort bekam er den Schwanz des Büffels zu fassen, hielt sich daran wie an einem Seil fest und kletterte wieder hoch.

Der Büffel war voller Geduld und Freundlichkeit und ließ das alles mit sich geschehen. Der Affe wurde dadurch nur angestachelt und tat dasselbe wieder und wieder. So ging es

Tag für Tag, denn der Büffel hatte beschlossen, in der Nähe des wunderschönen Baumes zu bleiben.

Eines Tages konnte der Baumgeist, der in dem schönen Baum lebte, das Ganze nicht mehr länger mit ansehen. Er kam aus dem Inneren des Baumes heraus, stellte sich auf einen Ast und fragte den Büffel: „Warum lässt du diesen unverschämten Affen dies alles tun? Zertritt ihn unter deinen Hufen, spieß ihn mit deinem Horn auf, hör endlich auf damit, so gut zu ihm zu sein!"

Der Büffel antwortete: „Es macht mir nichts aus, dass der Affe sich mir gegenüber so verhält. Im Gegenteil, für mich ist das in Ordnung, so kann ich Geduld üben. Aber ehrlich gesagt, ich weiß nicht, ob es gut für den Affen ist!"

Kopfschüttelnd zog sich der Baumgeist wieder zurück. Wie konnte der Büffel nur so gutmütig sein!

Einige Tage später war der Büffel ein Stück weitergezogen, weil er auf der Suche nach einer Wasserstelle war. Eine Herde anderer Büffel kam zufällig an dem Baum vorbei, auf dem der Affe lebte. Was dieser mit dem gutmütigen Büffel gemacht hatte, wollte er jetzt auch an den neu angekommenen Büffeln ausprobieren. Er sprang einem der wilden Büffel auf den Rücken und kackte darauf. Voller Wut schüttelte der Büffel ihn ab, stieß sein Horn in das Herz des Affen und zertrampelte ihn unter seinen Hufen.

Der Baumgeist, der das alles beobachtet hatte, verstand plötzlich, was der Büffel gemeint hatte, als er sagte, er wisse nicht, ob das gut für den Affen sei.

Liebe Kinder,

vor ungefähr 2500 Jahren wurde in Indien ein Prinz geboren, der später als der Buddha berühmt werden sollte. Er hatte alles, was man sich nur wünschen kann: Er war schön, reich, klug, hatte viele Freunde und Freundinnen, heiratete eine wunderschöne Frau und hatte einen lieben Sohn.

Eines Tages merkte er aber, dass er in einer Scheinwelt lebte. Denn er sah auf einmal, dass es um ihn herum Menschen gab, die nicht so lebten wie er: Sie waren arm, manche starben einen erbärmlichen Tod, andere wiederum hatten schreckliche Krankheiten, die sie zu Krüppeln machten. Wieder andere kamen sogar behindert zur Welt. Doch sterben mussten sie alle. Und im Alter wurden sie gebrechlich, hinfällig, manche wurden ganz verwirrt und stammelten dummes Zeug. Manche Arme hatten so wenig Geld, dass sie betteln und hungern mussten.

Der Prinz beschloss, sein behütetes und abgeschirmtes Leben aufzugeben. Er wollte herausfinden, wie man aus diesem schrecklichen Kreislauf von Krankheit, Alter und Tod herauskommen könnte. Denn er erkannte, dass kein Mensch unsterblich ist, dass jeder krank werden kann und dass niemand auf ewig jung, gesund und schön sein kann. Auch er nicht, obwohl er es lange geglaubt hatte.

Lange Jahre zog er durch die Welt und fragte kluge und weise Menschen, ob sie ihm in seiner Frage weiterhelfen könnten. Doch er fand niemanden, der eine Antwort wusste. Da beschloss er allein herauszufinden, wie man dem Kreislauf von Krankheit, Alter und Tod entkommen könnte. Er setzte sich unter einen Baum und schwor sich, so lange dort sitzen zu bleiben, bis er das Geheimnis ergründet hätte. Er meditierte Tage und Nächte, er hatte Zweifel und Ängste, besiegte sie aber alle und vertraute darauf, dass er am Ende eine Antwort finden würde.

Und er fand die Antwort, nach der er so sehnsüchtig gesucht hatte. Er erkannte, dass wir nur leiden, weil wir die Wirklichkeit der Welt nicht verstehen und weil wir nicht mutig genug sind, die richtigen und wichtigen Fragen zu stellen. Wir sind so wie er als Prinz war: wir machen uns vor ewig zu leben und ewig jung und gesund zu bleiben. Doch die Wirklichkeit der Welt ist eine ganz andere, sie ist viel offener und freier, als wir meinen. Diese Erkenntnis nennt man die Erleuchtung.

Keiner kann von heute auf morgen diese Wahrheit erkennen. Viele Leben sind notwendig, in denen man der Wahrheit immer ein Stückchen näher kommt. Da der Buddha sich nach seiner Erleuchtung an alle seine Leben vorher erinnern konnte, erzählte er sie seinen Schülerinnen und Schülern, um ihnen Beispiele zu geben, wie man sich richtig verhält. Sehr oft war der Buddha als ein Tier zur Welt gekommen und immer hatte er Gutes getan und versucht den anderen zu helfen. Einige dieser Leben haben wir hier für euch erzählt und gemalt.

Zur Autorin:
Andrea Liebers, 1961 in Karlsruhe geboren, studierte Latein des Mittelalters und Germanistik und promovierte über Wundergeschichten des 13. Jahrhunderts aus dem Kloster Salem. Sie schreibt seit 1995 Kinderbücher, von denen bisher sechs veröffentlicht wurden. Bis Ende 1996 war sie Chefredakteurin der buddhistischen Zeitschrift „Mandala-Buddhismus heute".

Zur Illustratorin:
Bruni Feist-Kramer, 1934 geboren, war Meisterschülerin von Rupprecht Geiger (Kunsthochschule Düsseldorf). Sie arbeitet seit vielen Jahren als freischaffende Künstlerin und hat ihre Werke bei zahlreichen Einzelausstellungen im In- und Ausland zeigen können. Inzwischen ist sie auch eine anerkannte Thangka-Malerin.

Die Geschichten von Buddhas Leben vor der Erleuchtung, die Jatakamala, wie sie auf Sanskrit genannt werden, wurden um das fünfte Jahrhundert vor unserer Zeitrechnung aufgeschrieben. Sie gelten als Meisterwerke der buddhistischen Literatur.

Die Nacherzählungen der Geschichten des vorliegenden Bandes beruhen auf: The Jatakas of Stories of the Buddha's Former Births, übersetzt aus dem Pali, herausgegeben von Professor E. B. Cowell, 6 Bände, Oxford, 1990 – 1995.